BOUTADES

D'UN

VIEUX GROGNARD

CHANSONS

Dédiées à ses Frères d'Armes,

PAR

UN CAPITAINE D'INFANTERIE.

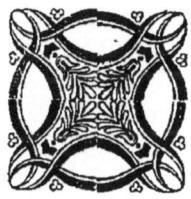

HAVRE

J. MORLENT, IMPRIMEUR LIBRAIRE,

PLACE DE LA COMÉDIE.

1836.

BOUTADES

D'UN

VIEUX GROGNARD.

HAVRE, IMP. MORLENT.

BOUTADES

D'UN

VIEUX GROGNARD

CHANSONS

DÉDIÉES A SES FRÈRES D'ARMES.

PAR

UN CAPITAINE D'INFANTERIE.

HAVRE

CHEZ J. MORLENT, IMPRIMEUR-LIBRAIRE,
Sous les Arcades. — Galerie Fouache.

1836.

A MES FRÈRES D'ARMES.

C'est à vous, mes vieux Camarades de gloire, de plaisirs, et trop souvent, hélas ! de tribulations, que je dédie ces refrains, griffonnés, la plupart, à la lueur des bivouacs.

Puissent-ils vous procurer, aujourd'hui que l'amitié les livre à l'impression, la même gaîté qui vous enivrait, quand au choc des verres et des flons flons, vous daigniez applaudir à la voix, plus franche que mélodieuse, de

votre tout dévoué camarade,

Le Vieux Grognard.

PRÉFACE.

1829.

AIR de Taconet.

Bien follement au Public on vous jette
Refrains légers que Mars a vu rimer ;
A s'abuser l'amitié trop sujette
Tout vifs, hélas ! prétend vous imprimer ;
Fragile esquif que l'écueil environne.
Puisse un bon vent en mer vous protéger !
A la tourmente, ah ! s'il vous abandonne,
Un vieux soldat connaît-il le danger ?

Chers Compagnons de désastre et de gloire,
Il vous souvient, si, fidèle au drapeau,
Ma voix joyeuse à vos chants de victoire,
Sut préluder sur un humble pipeau ;
Si, défendant, trahis par la fortune,
Nos vieux lauriers qu'on osait outrager,
J'ai du Pouvoir encouru la rancune.....
Un vieux soldat connaît-il le danger ?

O Liberté ! noble besoin des ames ,

Traîne à ton char la foule des mortels,
Et qu'aux rayons de tes plus saintes flammes
La France heureuse encense tes autels !
Et vous, tyrans des droits sacrés du monde,
Qui prétendez, en vain, les abroger,
Vite un cachot à mon luth qui vous fronde.....
Un vieux soldat connaît-il le danger ?

Sexe charmant, qu'aux accords de ma lyre,
Ont vu jadis s'égayer les amours,
De mon printemps qu'il fut doux le délire,
Riche des fleurs dont vous semiez ses jours ;
De quarante ans déversés sur ma tête
Lorsque le tems accourt la surcharger,
Ah ! sans effroi, mon cœur encor vous fête....
Un vieux soldat connaît-il le danger ?

Aux feux des camps, en province, à la ville,
Mon luth parfois et caustique et joyeux
Sut persiffler, aux sons du vaudeville,
D'abus crians le maintien odieux ;
De Loyola dût la perfide engeance
M'offrir les fers qu'illustra Béranger,
De nos cafards affrontons la vengeance !....
Un vieux soldat connaît-il le danger ?

Bien mince auteur d'un plus mince volume
Du Pinde, hélas ! nourrisson impuissant !

Pour le mousquet abandonnant la plume,
Sans verser d'encre ayant versé mon sang.
Oui, quoiqu'exempt d'un orgueil ridicule,
De la critique, ah ! loin de m'affliger,
Je tends les doigts aux coups de sa férule ;
Un vieux soldat connaît-il le danger ?

BOUTADES

D'UN

VIEUX GROGNARD.

LE GROGNARD.

1826.

AIR Des Fraises.

Grogner ! voilà mon emploi,
Mon unique besogne !
Car ici-bas, selon moi,
Tout va si mal que, ma foi !
Je grogne, je grogne, je grogne.

Quand un fripon patenté
Me vend, pour du Bourgogne,
Du Surène frelaté,
Ah ! de cette indignité
Je grogne, je grogne, je grogne !

Quoi ! ce Ministre puissant
Veut, sans nulle vergogne,
D'un fol espoir nous berçant,
Changer *cinq en trois pour cent !!*
Je grogne, je grogne, je grogne !

Hélas ! songeant qu'autrefois
Prusse, Autriche et Pologne [1],
Ont rampé sous nos exploits,
Et qu'il faut subir leurs lois !!
Je grogne, je grogne, je grogne !

Dieux ! aux cris de ce corbeau
Ma mine se refrogne ;
Son bec tire d'un tombeau
De Ravaillac le couteau !
Je grogne, je grogne, je grogne !

Gloire à ton nectar divin,
Trop féconde Gascogne !
Mais comparons-nous en vain
Tes ministres à ton vin ? [2]
Je grogne, je grogne, je grogne !

[1] Par ce mot, d'obligation pour la rime, l'auteur n'a entendu désigner que l'empire des czars, et non la brave et malheureuse Pologne, de tout tems si dévouée à la France, et qui, naguère encore, lui en a donné de si sanglantes preuves !!

[2] A l'époque où fut composée cette chanson, le ministère se recrutait exclusivement en Gascogne.

Quand dessinant les contours
De ma trop vieille trogne,
Mon miroir dit tous les jours
Qu'il me faut fuir les amours !
Je grogne, je grogne, je grogne !

Mort ! en m'imposant ta loi,
Point de pitié, carogne !
Du premier coup abat-moi,
Pas de souffrances, sans quoi,
Je grogne, je grogne, je grogne,

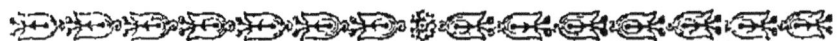

LE VIEUX SOLDAT ET SA NOURRICE.

EPISODE DE 1815.

Air de la bonne Vieille.

Oui, dans tes bras, je reviens, ô ma mère,
Aveugle et pauvre implorer tes secours !
Devais-je, hélas ! après vingt ans de guerre,
A tes bienfaits avoir encor recours ?
J'ai tout perdu ! tout ainsi que la France !
Hormis l'honneur, il ne me reste rien ;
Toi, dont le sein allaita son enfance,
Du vieux soldat sois encor le soutien !

Ah ! lorsqu'auprès du foyer solitaire,

Assis tous deux, nous mêlerons nos pleurs.
Mon ame en proie à sa douleur amère
De mon pays te dira les malheurs;
Comment le sort, jaloux de sa puissance,
De l'abaisser suscita le moyen;
Toi, dont le sein allaita son enfance,
Du vieux soldat sois encor le soutien !

De leurs grandeurs, si la France trahie
Voit, en pleurant, ses enfans dépouillés,
Du triste aspect de la France envahie,
Mes yeux du moins ne seront point souillés !
Quand l'étranger, brise de sa présence
Le cœur nâvré de tout bon citoyen,
Toi, dont le sein allaita son enfance,
Du vieux soldat sois encor le soutien.

Pour alléger le poids de ta vieillesse,
Frêle support, je t'offrirai mon bras :
Puis, dans les prés, témoins de ma jeunesse,
Comme autrefois tu guideras mes pas;
Gais souvenirs de mon adolescence
Vous renaîtrez en un doux entretien !
Toi, dont le sein allaita son enfance,
Du vieux soldat sois encor le soutien !

Puis, quand viendra la fête du village,
Fier des regards attachés sur ma croix,
De nos garçons j'exalte le courage,

En célébrant la France et ses exploits !
De chacun d'eux, palpitant d'espérance,
Le cœur répond aux battemens du mien ;
Toi, dont le sein allaita son enfance,
Du vieux soldat sois encor le soutien !

Du vieux guerrier telle était la prière,
Lorsque le Ciel, sensible à ses douleurs,
Mit en ses bras celle qui la première
Sous des baisers sécha ses premiers pleurs :
« Toi, disait-il, plein de reconnaissance,
» Toi, mon espoir ! toi, mon unique bien !
» Toi, dont le sein allaita son enfance,
« Du vieux soldat sois toujours le soutien !

LA CUISINE DU DIABLE.

1828.

AIR : Sens devant derrière.

« Corbleu, chef, je suis mécontent,
» Ma table fort mal est servie ;
» Non, je n'ai fait, disait Satan,
» Si maigre chère de la vie ;
» Tantôt j'ai du monde à dîner,
» Voyons, que vas-tu nous donner ?
» Pourquoi, sans consulter mon goût,

» Dans la lèche-frite,
» Toujours du Jésuite ?
» En salmis, en daube, en ragoût,
» Cette viande là me poursuit partout !

» De cette viande, anciennement,
» Le mérite n'était pas mince,
» Quand Ravaillac, Jacques Clément
» S'illustraient par la mort d'un prince !
Mais, dans ce siècle de tiédeur,
Dieu ! qu'elle a perdu de saveur !
  Pourquoi, etc.

De bons morceaux je suis jaloux ;
» Et tu me traites comme un cuistre »
— Sire ! voulez-vous, cuit aux choux,
Un pape, un monarque, un ministre ?
Préférez-vous, au court-bouillon,
Le tendre monsieur Trestaillon ?
  Pourquoi, etc.

— Il reste confits deux quartiers
Du très benin Saint-Dominique ;
— « Grillé, je mange volontiers
« Tel qui grilla maint hérétique ;
Mais quand le chef lui demanda
S'il aimait le *Malagrida* ;
  Pourquoi, etc.

De mets choisis, fins, succulens,
» Rehausse aujourd'hui ton service ;
» Embroche, en guise d'ortolans,
» Quelque jeune et galante actrice ;
» Rôtis à ce four bien chauffé,
» Quelque gras député truffé,
  Pourquoi, etc.

— Sire ! ah, combien vos pourvoyeurs
Depuis peu sont devenus chiches !
Il faudra se servir ailleurs ;
Trop mesquines sont leurs bourriches,
Le dernier envoi ne contient
Qu'un rabbin, cinq turcs, un chrétien ;
  Pourquoi, etc.

Sans plus tarder, chef, il me faut
» D'autre gibier pour ma bombance ;
» Celui-ci n'a plus cours là-haut,
» Si j'en crois certaine ordonnance ; [1]
» Villèle a reçu son congé,
» Son maître-d'hôtel est changé.
» Pourquoi, sans consulter mon goût,
  » Dans la lèche-frite,
  » Toujours du Jésuite ?
» En salmis, en daube, en ragoût,
» Cette viande là me poursuit partout.

---

[1] Du 16 juin 1828, sur les séminaires.

L'IMPRIMERIE.

1829.

Air des Scythes et des Amazones.

Flambeau des arts! céleste imprimerie,
A qui la Grèce eut dressé maint autel,
Toi, qu'un Vandale aurait, en vain, flétrie,
Qui t'inventa? fut-ce un faible mortel?
A son génie offrant un pur hommage,
Le genre humain t'élève aux premiers rangs :
Toujours plus belle, ah! fleuris d'âge en âge!
Pour effrayer les sots et les tyrans!

Au vif éclat qui ceint ton auréole,
Oui, c'est un dieu qui te donna le jour,
Art immortel! peintre de la parole,
Clio t'appelle! enorgueillis sa cour,
Dans l'avenir ton flambeau qui surnage,
Brave du tems les écueils déchirans ;
Toujours plus belle, ah! fleuris d'âge en âge,
Pour effrayer les sots et les tyrans!

Par ton burin, de l'éloge ou du blâme,
Rien désormais ne peut être effacé ;

Dans son horreur montre le vice infâme ;
Pour le présent évoque le passé ;
Stigmatisant d'une inflexible page,
Les attentats des rois, des conquérans ;
Toujours plus belle, ah ! fleuris d'âge en âge,
Pour effrayer les sots et les tyrans !

Oui ; quand tes plombs, d'une encre accusatrice
Savent noircir le crime audacieux,
Que des vertus ta presse protectrice
Fasse briller l'éclat à tous les yeux !
Du bien, du mal véridique assemblage,
De l'équité tes feuillets sont garans ;
Toujours plus belle, ah ! fleuris d'âge en âge,
Pour effrayer les sots et les tyrans !

Peins tous les maux dus à l'intolérance ;
Peins le génie accablé sous des fers ;
Ah ! peins surtout, terrassant l'ignorance,
La liberté consolant l'univers ;
De nos Omar bravez en paix la rage ;
Pour vous, beaux arts ! plus de feux dévorans !
Toujours plus belle, ah ! fleuris d'âge en âge,
Pour effrayer les sots et les tyrans !

Si Guttemberg, aux œuvres du génie,
Mit le cachet de l'immortalité,
Dans les accords d'une douce harmonie,

Par les Neuf Sœurs que son nom soit chanté!
Imprimerie! accueille le suffrage
Que t'offre, ici, l'un de tes adhérens!
Toujours plus belle, ah! fleuris d'âge en âge,
Pour effrayer les sots et les tyrans!

MA TANTE VIEUXTEMPS.

1830.

Air : C'est le gros Thomas.

  Las! de son printems
Ayant oublié les faiblesses,
  Ma tante Vieuxtemps
Proscrit l'amour et ses caresses;
  De ce siècle maudit
  Sa bouche qui médit,
Critiquant les mœurs, à la ronde,
S'écrie, en sa douleur profonde :
  Antique vertu,
  Ah! quand reviendras-tu?

  « — A l'amour, pourquoi,
 » Ma tante, vouer tant de haine?
  » Ce Dieu, sous sa loi,
 » Avec des roses nous enchaîne;

« Bien que d'un voile épais,
» Ses yeux... » — Ma nièce, paix !
Mais voyez donc cette morveuse,
A vingt ans faire l'amoureuse !
Antique vertu,
Ah ! quand reviendras-tu ?

Il n'est plus d'enfant
Qui n'en sache autant que son père ;
Ce qu'on leur défend,
Est juste ce qui sait leur plaire ;
En est-il un, Grand Dieu !
Qui n'ait lu Montesquieu,
Helvétius, Rousseau, Voltaire,
Par l'enfer vomis sur la terre !
Antique vertu,
Quand reviendras-tu ?

« —Mais dans leurs écrits,
» Ma tante, il est quelque lumiere :
» Car ces beaux esprits
» Ont éclairé la France entière. »
—Fi ! taisez-vous, marmot !
Ne soufflez plus le mot ;
A vingt-deux ans le petit drôle,
D'esprit-fort convoite le rôle !
Antique vertu,
Ah ! quand reviendras-tu ?

On rit du respect
Qu'inspirait jadis une femme ;
L'amant circonspect,
Sans brusquer l'objet de sa flamme,
Alors, après dix ans
De soins doux, séduisans,
Pour prix d'un sentiment si probe,
Lui baisait... le bas de la robe ;
Antique vertu,
Ah ! quand reviendras-tu ?

Souhaits superflus.
Plus de pudeur dans la toilette ;
Le sexe n'a plus
Ce pet-en-l'air, que je regrette ;
Voyez nos viragos,
A manches à gigots,
Dans leur impudique tournure,
Se diffamer par leur parure !...
Antique vertu,
Ah ! quand reviendras-tu ?

Mais le ciel enfin
Las, peut-être, de tant d'audace,
Pourrait à la fin,
De ce globe extirper la race ;
Oui, riez, mon neveu !
Vous risquez très-gros jeu ;

Gare que Dieu n'allume encore
Les feux dont il grilla Gomorrhe !
Antique vertu,
Ah ! quand reviendras-tu ?

LE SANG VERSÉ NE PARLE PLUS.

1826.

A MES VIEUX FRÈRES D'ARMES.

Air des lanciers Polonais.

Il fut un tems, chéri de la victoire,
Où réclamant le prix de ses exploits,
Le sang versé dans les champs de la gloire,
Avec orgueil vit accueillir sa voix ;
A rappeler cette époque fameuse,
Nobles guerriers ! vos soins sont superflus,
De vos hauts-faits la France est oublieuse ! !
Le sang versé ne parle plus !

Cachez, cachez ces vieilles cicatrices ;
Qu'espérez-vous ? une froide pitié ;
Sur vos malheurs quelques larmes factices,
Tribut trompeur d'une fausse amitié !
Des dieux du jour l'oreille est paresseuse ;
A Saint-Acheul ils se sont dévolus,

De vos hauts-faits la France est oublieuse;
 Le sang versé ne parle plus !

O d'un ministre injustice exécrable !
Clermont-Tonnerre, en repoussant vos droits,
Vous punira du crime impardonnable
D'avoir soumis l'univers à vos lois;
Pourquoi vingt ans à l'Europe haineuse,
Avoir dicté des ordres absolus !
De vos hauts-faits la France est oublieuse !
 Le sang versé ne parle plus !

Révèle-nous, triomphale colonne !
Toi, dont le faîte était si radieux;
Révèle-nous, quand sur toi le ciel tonne,
Pourquoi gémit ton bronze glorieux ?
D'un demi-dieu, c'est l'ombre valeureuse;
Sa voix répond à nos derniers saluts :
« De vos hauts-faits la France est oublieuse ;
 » Le sang versé ne parle plus ! »

Signe abhorré de mort et d'esclavage,
Étincelant d'une affreuse clarté,
Quand le Croissant, dévastant leur rivage,
Présente aux Grecs son disque ensanglanté ;
Laissez dormir votre ardeur belliqueuse ;
A Mahomet Dieu livre les élus ;
De vos hauts-faits la France est oublieuse,
 Le sang versé ne parle plus !

Dans vos combats, vieux guerriers d'un autre âge,
Pour mon pays si mon sang fut versé,
D'un beau trépas, noble prix du courage,
Que n'ai-je alors été récompensé !
A nos neveux, ma tombe glorieuse
Eût raconté vos destins révolus !!
De vos hauts-faits la France est oublieuse,
 Le sang versé ne parle plus !

MA TRINITÉ.

1831.

AIR des Gueux.

Le vin, la joie et la volupté
 Sont, en vérité,
 Ma Trinité.

Qu'au Pape, chauds catholiques,
Maints dévots fassent la cour,
J'encense, dans mes cantiques,
Bacchus, Momus et l'Amour,
 Le vin, etc.

Déités, dont l'assistance
Séme de fleurs nos loisirs,

Grâce à vous, mon existence
S'écoule au sein des plaisirs.
 Le vin, etc.

A ces dieux mythologiques
Fondons, amis, des couvens,
Que d'extases érotiques
Ils donnent aux cœurs fervens !
 Le vin, etc.

Des trois personnes en une,
Le miracle est bien fondé,
Quand de ces dieux, ô Fortune !
Tout mon être est possédé.
 Le vin, etc.

Du vin qu'Adèle me verse
La gaîté soudain jaillit ;
Puis l'Amour, à la renverse,
Nous culbute sur le lit.
 Le vin, etc.

Bon vivant, femme traitable
Accourez en mon taudis ;
Un verre, un lit, une table,
Vous offrent le Paradis.
 Le vin, etc.

Vénus, à tout prosélyte,
Fait cracher au bénitier ;
Le Bordeaux sert d'eau bénite
Et l'*Art d'aimer* de psautier
   Le vin, etc.

Du Paradis chaque apôtre,
Abjurant l'austérité,
Enverrait au diable l'autre
S'il avait ma Trinité,
Le vin, la joie et la volupté
   Sont, en vérité,
   Ma Trinité.

L'AMBITIEUX.

1826.

AIR : Tout le long de la rivière.

Voyant occuper maint emploi,
Par gens aussi bêtes que moi,
Qui, n'offrant, bien qu'ils soient en place,
Que sottise unie à l'audace,
Ont, cependant, l'espoir un jour,
D'être Ministres à leur tour ;
L'ambition me trotte alors en tête ;
Moi, pour parvenir, je me crois assez bête ;
Je me crois, je me crois assez bête !

Dites, messieurs les érudits,
Dites, messieurs les beaux esprits!
Malgré toute votre science,
Dont vous exaltez l'importance,
En public marchez-vous l'égal
D'un sot, receveur général?
Comme en tous lieux, on l'encense, on le fête!
Moi, pour parvenir, je me crois assez bête,
Je me crois, je me crois assez bête!

L'Evangile avec raison dit :
« Bienheureux les pauvres d'esprit; »
Quoiqu'assurés, par cet adage,
D'obtenir les cieux en partage,
Sur terre ils ont d'aussi beaux droits,
Car ils cumulent les emplois !
Que du Très-Haut la volonté soit faite !
Moi, pour parvenir, je me crois assez bête.
Je me crois, je me crois assez bête !

A la ville, ainsi qu'à la cour,
Que de sots grands hommes du jour !
S'il n'était prudent de se taire,
J'éplucherais le ministère,
Chacun sait comme il est régi !
Mais chut!! redoutant Marchangy,
Muse! chantons, sans provoquer d'enquête;
« Moi, pour parvenir, je me crois assez bête,
« Je me crois, je me crois assez bête !

Comme un sot me rendant heureux,
De tes faveurs comble mes vœux,
Fortune ! exauce ma prière !
Vîte, tire moi de l'ornière,
Dusses-tu même, en tes desseins,
Me nommer chef des capucins !
Au tems qui court, ce poste est fort honnête ;
Moi pour parvenir, je me crois assez bête,
Je me crois, je me crois assez bête !

LE ROI DES RIBAUDS.

1832.

AIR : A soixante ans.

« Quel insolent, disait un roi de France,
A ses ribauds, attendant son réveil,
« En ce palais, siège de ma puissance,
« Ose troubler mon auguste sommeil ?
— Ce n'est rien, sire ! un vilain que j'assomme,
Voulait entrer, sans ôter ses sabots ;
—Eh ! pourquoi, diable, assommer un pauvre homme ?
— Tel est mon droit ; je suis roi des ribauds.

« Massue en main, vous suivant à la guerre,
« Ne dois-je pas, les combats terminés,

« De ce palais, grâce à mon ministère,
« A tous vilains fermer la porte au nez ?
« Du crime aussi prononçant la sentence,
« Je l'exécute et peuple les tombeaux....
— Mieux il faudrait implorer ma clémence ;
— Tel est mon droit ! je suis roi des ribauds !

« Après leur mort partageant leur dépouille,
« Sur un soupçon tu condamnes les gens ;
« Ainsi que toi, mon grand prévôt se souille
« D'iniquités, d'attentats affligeans ;
« Dans le sérail qui suit ma cour, en route,
« De nos tendrons tu choisis les plus beaux ;
— Ils font mon lit... ils le défont, sans doute ;
— Tel est mon droit ; je suis roi des ribauds !

« Bien que parfois tu me rendes service,
« Il n'est qu'un cri sur tes vexations ;
« Filles et jeux, soumis à ta police,
« Tout se ressent de tes exactions ;
« En mauvais lieu quand souvent tu t'écartes,
« Tu veux jouer, sans laisser aux flambeaux,
« Pour s'en servir, il faut payer les cartes... 1
— Tel est mon droit, je suis roi des ribauds !

1 La critique aura ici beau jeu contre l'auteur, qui, à propos de cartes, inventées en 1418 environ, pour amuser la démence de Charles VI, commet un anachronisme de plus d'un siècle et demi.

(*Note du vieux Grognard.*)

« Il est surtout uu impôt arbitraire ,
« Que désormais je ne t'octroîrai pas ;
« Lever cinq sols sur la femme adultère ! !
« Mais tu veux donc ruiner mes états !
« Quand des vilains ils blessent la crinière ,
« N'aggrave pas quelques légers bobos ;
— Dussé-je avoir l'or de la France entière !
Tel est mon droit ; je suis roi des ribauds !

« S'il est ainsi, repart Philippe-Auguste ,
« Au chef altier des ribauds diligens ,
« Oui , j'en conviens ; il n'est rien de plus juste,
« Que d'assommer , de dépouiller les gens ;
« Je me rendors ; ma foi , vive la France !
« Vous, veillez bien , dessus vos escabeaux ;
« Qu'à toute plainte on impose silence ;
— Tel est mon droit ; je suis roi des ribauds !

L'AUMONIER DU RÉGIMENT.

1826.

RÉSUMÉ HISTORIQUE

DES DIRES, FAITS ET GESTES DE M. L'ABBÉ DE FONTENET,
EX-AUMONIER AU 19me DE LIGNE.

Air . Faut d'la vertu.

Grand Dieu qu'il prêche éloquemment.
L'aumônier de notr' régiment !

Sur tous les sujets il raffine ;
Le dimanche, en ses discours saints,
Il nous parle de médecine,
De jubilé, de capucins !
     Grand Dieu, etc.

Prêchant la passion divine,
Il compar', le front prosterné,
La saint' croix à la guillotine ;...
Jésus-Christ au guillotiné !... [1]
     Grand Dieu, etc.

Citant la bonté sans seconde,
Du Tout-Puissant, dans son sermon,
Il nous dit qu'Dieu, bon pour tout l'monde,
Pour les soldats est bien *plus bon !* [2]
     Grand Dieu, etc.

De son bon-sens l'éclat nous frappe,
Quand il dit, d'un ton solennel,
Que l'lieutenant-colonel est l'pape...
Que le bon Dieu c'est l'colonel !...
     Grand Dieu, etc.

De ce qu'on a pu prendre en maraude,
Il veut qu'on rembourse le prix ;

---

[1] Sermon du 9 juillet 1826, en l'église Saint-Jean, à Strasbourg.

[2] Même sermon ; (expressions littérales.)

Mais pourquoi prêcher sur la fraude?
Y a si longtems que j'n'ons rien pris!
  Grand Dieu, etc.

Nous stimulant pour l'évangile,
Qui du salut est le vrai ch'min,
Monsieur l'abbé s' promène en ville,
Ep'rons aux pieds, cravache en main, 1
  Grand Dieu, etc.

En mettant le diable en déroute,
On l'verra, je n'en dis pas trop,
Du paradis prenant la route.
Y m'ner l'régiment au galop!
  Grand Dieu, etc.

A la port' de ce lieu, plein d'charmes,
Introduisant la garnison,
Si Saint-Pierr' ne lui port' les armes,
Il le mettra d'suite en prison! 2
  Grand Dieu, etc.

Enfin au ciel, tous les apôtres
Lui diront: de par Jésus-Christ,

---

1 Tenue de M. L'abbé, quand il allait au manège prendre leçon d'équitation,

2 Allusion à une punition charitablement infligée par l'aumônier à une sentinelle qui ne lui avait point porté les armes!

« Vous n'pouviez manquer d'êtr' des nôtres,
« Bienheureux les pauvres d'esprit ! »

Grand Dieu ! qu'il prêche éloquemment ;
L'aumônier de notr' régiment !

ENCORE UN D'ATTRAPÉ.

1er JANVIER 1833.

Air de la partie carrée.

L'année expire ; un nouvel an commence ;
Sans murmurer soumettons-nous au tems ;
Bords regrettés d'un horison immense,
Je vois s'enfuir les jours de mon printems !
Hâtant des ans l'arrivée incertaine,
Hier, le Tems à ma porte a frappé :
Pour compléter, dit-il, ta quarantaine,
    Encore un d'attrapé !

Toi, qu'aux plaisirs ou sait porter envie,
« Vieillard austère, au front chauve et chagrin,
» Sans le vouloir, pour égayer ma vie
» Tu m'as fourni le sujet d'un refrain ;
» Narguant ta faux, je veux ce soir à table
» De francs buveurs dire au cercle attroupé,
» A chaque coup d'un nectar délectable :
    » Encore un d'attrappé ! »

Mais à ces mots, le temps fuit et s'envole,
Flétrissant tout des traces de ses pas ;
Plus attrayant, un tableau qui console,
M'offre l'hymen qu'escortent mille appas ;
Est-ce une erreur ? Non, c'est la jeune Lise
Qu'au vieux Crésus, de vertige frappé,
La soif de l'or va lier à l'église......
    Encore un d'attrapé !

Près d'un mourant, gibier de cimetière,
En proie au mal qui lui ronge le sein,
Pour le sauver d'une double manière,
On voit courir et prêtre et médecin ;
Quand, grâce aux soins du duo charitable,
Son faible fil de la Parque est coupé,
L'on chante au mort d'une voix lamentable :
    « Encore un d'attrapé ! »

Rois ! que le peuple et qui souffre et qui paie,
Gorge, sans fin, du fruit de ses sueurs ;
Ah ! sans pitié, rois, dont le cœur s'égaie
Au triste aspect de ses trop justes pleurs ;
Si quelque jour il brise enfin sa chaîne ;
D'un joug de plomb s'il se sent échappé ;
Ce cri se mêle aux transports de sa haine :
    « Encore un d'attrapé ! »

O ma Patrie ! ô France que j'adore !
De quel éclat ton beau ciel fut doté,

Quand de Juillet a scintillé l'aurore
Que saluaient nos cris liberté,
Tout souriait à notre ame contente ;
Le prisme, hélas ! est-il donc dissipé ?
Dirai-je aussi, déçu dans mon attente :
 Encore un d'attrapé !

LES CHARLATANS.

1824.

Air · Au refrain du tambourin

Grand Dieu ! que de charlatans,
D'empiriques dans ce monde !
Pour tromper leur foule abonde
En tous lieux, comme en tous tems.

Par son baume irrésistible,
Le charlatan *Pectoral*
Vous guérit..... c'est infaillible,
Si vous n'avez aucun mal :
 Grand Dieu, etc.

Etalant son éloquence,
Ce chanoine, en plus d'un point,
Prêche, en chaire, l'abstinence....

Et fléchit sous l'embonpoint !
  Grand Dieu, etc.

Admirez cette Lucrèce,
Jeune épouse d'un vieillard,
Lui prodiguer sa tendresse.....
Tout en le faisant c.....d.
  Grand Dieu, etc.

Esclaves des convenances,
En public ces deux époux
S'accablent de prévenances.....
Chez eux s'accablent de coups !
  Grand Dieu, etc.

D'une tournure parfaite,
Ah ! que l'on voit de beautés
Être, grâce à leur toilette,
Fraîches d'attraits empruntés !
  Grand Dieu, etc.

« Oui, je te serai fidèle,
« Oui, je t'aimerai toujours ! »
Me répétait mon Adèle,
Son *toujours* dura deux jours :
  Grand Dieu, etc.

Ce diplomate moderne
Qui tranche du potentat,

Et que sa femme gouverne,
Prétend gouverner l'état !
  Grand Dieu, etc.

Maint Gascon parle franchise,
Maint Bas-Normand probité,
Maint indévot parle église,
Mainte Laïs chasteté.
  Grand Dieu, etc.

Remplis d'esprit, de finesse,
Piquans, malins et joyeux,
Par mes couplets j'intéresse,
Béranger n'écrit pas mieux !
Grand Dieu, que de charlatans,
D'empiriques dans ce monde !
Pour tromper leur foule abonde
En tous lieux comme en tous tems.

MA BOUTEILLE.

1825.

A MON AMI FÉLIX BARBIER, CAPITAINE D'INFANTERIE.

AIR de Marianne.

Qu'ému des peines de la vie,
Plus d'un Héraclite pleureur,

En proie à sa triste manie ;
Coule ses jours dans la douleur ;
Beaucoup plus sage,
Je fais usage
Contre les maux d'un baume sans égal :
Quand de ma tonne
Qu'emplit l'automne
Le jus scintille à travers le cristal ;
A sa couleur pourpre et vermeille
Mes destins paraissent liés ;
Et mes chagrins sont oubliés........
En vidant ma bouteille. (*ter.*)

Le vin, charme de l'existence,
M'offre plus d'une illusion,
Quand je peux, de son influence,
Savourer la séduction ;
Point de détresse,
Et la richesse
Lorsque j'ai bu, m'accorde ses faveurs ;
Aussi sans crainte
D'une contrainte,
Je brave alors recors et procureurs :
Qu'il n'en vienne aucun sous la treille
Troubler mes esprits égayés :
Car mes créanciers sont payés......
En vidant ma bouteille.

Auprès d'une beauté rebelle,

Qu'à jeun mon cœur soupire en vain,
Pour triompher de la cruelle,
De suite je m'adresse au vin;
  Douce caresse,
  Transport d'ivresse,
Baisers d'amour font palpiter mon cœur;
  Et dans mes songes
  D'heureux mensonges
De vingt tendrons me rendent le vainqueur.....
 Après boire, si je sommeille,
 Près de ma reine je suis roi,
 La plus belle femme est à moi......
  En vidant ma bouteille.

Le vin invite à l'indulgence,
Bien qu'en murmurent les cagots;
Car la vigne à l'intolérance
N'a jamais fourni de fagots !
  Liqueur charmante,
  Mon ame aimante
Par toi rêvant un Dieu plein de bonté
  Refuse à croire
  Que pour trop boire
Il nous cuira toute une éternité !
 Du vin la vertu sans pareille
 Éteint les feux des réprouvés :
 Et tous les humains sont sauvés......
  En vidant ma bouteille.

ENVOI.

A toi qui, sablant Malvoisie,
Bordeaux, Champagne et Chambertin,
Trouves, en ta philosophie,
Qu'au bonheur le vin seul atteint ;
  Oui, je dédie
  De la Folie
Ces faibles chants qu'elle m'a su dicter ;
  Et si ma lyre
  En son délire
De toi, Félix, se peut faire écouter,
 Qu'à mes refrains prêtant l'oreille
 Ta gaîté leur serve d'appui
 Et proscrive à jamais l'ennui
  En vidant ta bouteille.

LE VEAU D'OR.

1817.

Air : A soixante ans.

Ah ! quand l'arrêt du destin trop sévère,
Loin du Pactole a placé mon berceau,
D'une gaîté qu'aucun trouble n'altère,
En récompense il m'a fait le cadeau ;

Pauvre d'argent et riche d'espérance,
Sur l'avenir mon étoile s'endort ;
Content de peu, mais fier dans l'indigence,
Je n'ai jamais adoré le veau d'or !

Flattant des grands les vices, le scandale,
Qu'un fat leur porte un encens éhonté ;
Devant ces dieux mon épine dorsale
N'a point acquis de flexibilité ;
Je hais les fers que dore l'opulence ;
La Liberté ! voilà mon seul trésor ;
Content de peu, mais fier dans l'indigence,
Je n'ai jamais adoré le veau d'or !

Versés dans l'art de briguer une place,
Une faveur, des titres, des rubans,
Que d'intrigans, par plus d'une grimace
Savent masquer leur manque de talens !
Des dieux du jour mendiant l'assistance,
Vers leurs autels, faquins, prenez l'essor ;
Content de peu, mais fier dans l'indigence,
Je n'ai jamais adoré le veau d'or !

Quand d'Apollon reconnaissant l'empire,
Ma Muse, hélas ! par des sons impuissans,
Veut rendre hommage au maître de la lyre,
Trop au-dessus d'un aussi faible encens ;
Comme, ô Phœbus ! ta céleste influence

Près de Plutus a toujours donné tort,
En adorant tes lois et ta puissance,
Je n'ai jamais adoré le veau d'or !

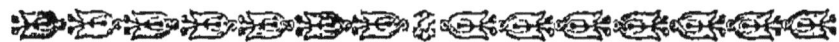

UN DINER DE LIEUTENANS,

A L'HOTEL DU PETIT ST-JEAN,

EN LA VILLE DE PONT-SAINT-ESPRIT.

1824.

Air : Je loge au quatrième étage.

Au Saint-Esprit, l'estomac vide,
Arrivant, moulu, harassé,
Je m'informe d'un air avide
Où le couvert était dressé ;
« De deux francs la dépense honnête,
Me réplique l'ami Dejean,
» Doit nous fournir *bosse* complète,
» A l'hôtel du Petit-Saint-Jean. »

Admis en la salle où l'on mange,
On se sent saisir l'odorat
Par un suave et doux mélange
D'ail, de fumée et de tabac.

Pour contre-tems, un poêle en fonte
Distribuait tant de chaleur,
Que chacun pouvait de bon compte
Prendre, à table, un bain de vapeur !

J'aperçus ensuite aux murailles,
Empreintes de verres cassés,
Les hauts-faits du dieu des futailles
Par la lie et le vin tracés ;
Il me semblait en cette esquisse
Voir mille pétards fulminans,
Lancés en l'air par l'artifice,
Retomber en jets rayonnans !

Certain *lapin*, dont la coutume
Etait de courir sur les toits,
Cuit dans une vineuse écume,
Garnissait deux plats très étroits ;
Dans une sauce à la friture,
Des épinards baignaient hachés,
Et paraissaient, à leur tournure,
Avoir été déjà mâchés !

Un poulet dur et coriace,
Par les ans maigri, desséché,
Offrait sa trop mince carcasse
A notre appétit alléché......
Ce poulet avait eu pour père,

Rapporte un ancien manuscrit,
Le coq qui chanta quand Saint-Pierre,
Renia trois fois Jésus-Christ !

Pour assaisonner la salade,
Brillait sur la table un huilier,
Où les mouches buvaient rasade,
Et sans crainte de se noyer ;
Chacune d'elles qui surnage
En cette douce attraction,
Représentait, par cette image,
L'école de natation !

Trois Grâces, à trogne avinée,
Ornaient ce superbe festin !
D'une main vieille et surannée,
En nos verres versant le vin !
Bien que le tems, de ses disgrâces
Eût à jamais flétri leurs fronts,
Oui, vraiment, c'étaient les trois *grasses*.....
A la graisse de leurs jupons !

Bref ! de ce dîner détestable
N'ayant pu goûter le *fricot*,
Chacun de se lever de table
En payant son modique écot ;
Il faisait beau, pleins de furie,
Nous voir jurer, en enrageant,

De ne revenir de la vie
A l'hôtel du Petit-Saint-Jean !

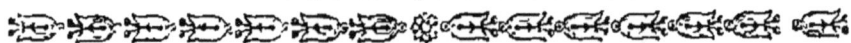

L'ENFER SUR TERRE.

1826.

AIR de la treille de sincérité.

« Oui, de ce monde,
» La race immonde,
» Trop adonnée à ses travers,
» Subira le joug des enfers !

Satan dit, et de ses cohortes
Aussitôt les noirs députés
Des enfers franchissent les portes,
De la soif du mal tourmentés ;
De la rage qui les dévore,
Depuis ce tems on vit, hélas !
Nouvelle boîte de Pandore,
Sortir tous les maux d'ici-bas !
    Oui, de ce monde, etc.

Couvrant d'un zèle évangélique
Son infernale invention,
Lucifer, par Saint-Dominique,

Erige l'Inquisition ;
En prêchant aux âmes séduites
D'Escobar les perfides lois,
Satan, par la voix des Jésuites,
Proclame le meurtre des rois !
   Oui, de ce monde, etc.

Cachant sous sa robe de bure
Plus d'un pernicieux dessein,
Bouffi de crasse et de luxure
Ce diable se fait capucin ;
En marmottant quelques prières,
Qu'il débite en mauvais latin ;
Cet autre, ennemi des lumières,
S'établit frère ignorantin !
   Oui, de ce monde, etc.

Sous cette horde diabolique,
Ah ! que de peuples opprimés !
La foudre éclate en Amérique,
Et les Incas sont consumés !
Fomentant la haine et la brigue,
Quel démon en France a vomi
Les dragonnades et la Ligue,
Sœurs de la Saint-Barthélemy !
   Oui, de ce monde, etc.

De nos maux comblant la mesure,

On voit surgir de toutes parts
La mission et la censure,
Et la police et les mouchards !
D'un nouveau trait de sa rancune,
Naguère encor nous punissant,
L'enfer, pour dernière infortune,
Nous infligea le *trois pour cent*.

   Oui, de ce monde, etc,

Toujours, quoiqu'on dise et qu'on fasse,
Ce dur servage existera ;
Le diable nous tient en sa nasse,
Et toujours nous gouvernera ;
Ah ! quand sa griffe nous comprime,
Beau sexe ! pour vous j'ai grand peur,
Après la corvée et la dîme,
De revoir le droit du Seigneur !
   « Oui, de ce monde,
   » La race immonde,
» Trop adonnée à ses travers,
» Subira le joug des enfers.

L'AVENIR.

1829.

Air : Ma Céline, tu me demandes.

Chaque jour ajoute à nos peines,

Chaque jour accroît nos douleurs !
Puis l'hiver de l'âge en nos veines,
Vient du sang glacer les chaleurs ;
Mais la gaîté, toujours active,
A son char sait nous retenir ;
La beauté toujours nous captive......
Et je rêve un doux avenir !

La Folie a notre jeunesse ;
L'âge plus mûr, brisant ses fers,
Fuit, au flambeau de la Sagesse,
Le sentier glissant des travers ;
Des plaisirs faux qu'elle redoute,
La Raison, pour nous prémunir,
De fleurs sème encor notre route,
Et je rêve un doux avenir !

Si parfois le présent console
Des infortunes du passé,
L'avenir, à son auréole,
Nous montre le bonheur fixé ;
A nos yeux, erreur familière,
Ton prisme fait tout obtenir ;
Je t'abandonne ma carrière.....
Et je rêve un doux avenir !

Avenir incommensurable,
Qui peut sonder tes profondeurs ?

Nos prêtres te font redoutable,
Mais leurs oracles sont trompeurs !
Sur le front d'un Dieu de clémence,
A qui tout doit se réunir,
Je n'aperçois que l'espérance....
Et je rêve un doux avenir !

FANFAN LABLAGUE

AU CORDON SANITAIRE.

1822.

AIR : J'arrive à pied de province.

Je r'çois l'ordre du ministre
  D' partir au cordon ;
On vit, à mon air sinistre,
  Que c'n'était rien d'bon ;
J'dis : cet ordre là m'intrigue ;
  Queu drôl' de moyen
D'faire mourir les gens d'fatigue,
  Pour qu'd'autr's s'portent bien !

J'me mets en ch'min ; coûte que coûte,
  J'arrive heureusement,
Et z'à la fin de ma route,

J'trouvons l'régiment
Embusqué dans la montagne,
  Et se gardant bien
De laisser sortir d'Espagne
  Bétail, homme ou chien.

On me plante en embuscade
  Près d'divers sentiers,
Pour faire la fusillade
  Aux contrebandiers ;
J'avais l'air, par mon allure,
  Mon coup-d'œil malin,
D'un braconnier en posture
  D'guetter un lapin !

Droit à moi, dans la campagne,
  Affrontant l'danger,
J'vois v'nir un troupeau d'Espagne
  Avec son berger ;
N's'arrêtant à mon qui vive ?
  Sur lui j'tire tout d'bon :
Je manque l'homm' qui s'esquive,
  Mais j'blesse un mouton.

L'animal bientôt trépasse,
  J'en étais ravi ;
Croyant manger de ma chasse
  Un gigot rôti ;

D'autant mieux qu'la garde apporte
   L'bois pour le griller ;
Mais qu'ma surprise fut forte !
   On l'brûl' tout entier !

Se contenter d'la fumée,
   C'n'est accommodant ;
Ayant la bile allumée
   De cet accident,
J'me disais, fesant la ronde :
   « Queu beau chien d'plaisir,
» De tuer ainsi le monde.
   » Pour le faire rôtir !

De ce cordon sanitaire,
   Quand verrai-j' la fin ?
Bien qu'il soit fort salutaire,
   On y crève d'faim ;
Un peu d'pain, de pomm's de terre,
   V'là votr' ration ;
Il est vrai qu'on n'y meurt guère
   D'indigestion !

Il est un seul avantage
   Qu'on trouve au cordon :
Faut, malgré soi, rester sage,
   Faute de tendron ;
Point de crainte qu'on s'abîme

Près d'quelque beauté!
Gn'y a du danger qu' pour le crime
　D'bestialité!

Puisque l'cordon sanitaire
　Regard' la santé :
En ce cas, la France entière
　Est en sureté;
Car si jamais, je l'atteste,
　J'vois v'nir, ventrebleu!
La fièvre jaune ou la peste,
　Dessus j'ferai feu!

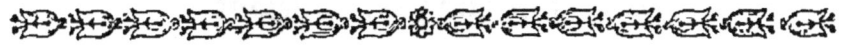

FIN DES AVENTURES

DE FANFAN, AU CORDON.

1822.

Air : R'li, r'lan, tambour battant.

D'puis qu' j'sommes au cordon sanitaire,
La santé publique va bien;
Grâce au servic' que j'savons faire,
Bientôt on ne craindra plus rien;
Tuait-on homme ou chien, naguère,
D'peur d'la peste on l' fesait rôtir;

Eh! bien, maintenant on l'enterre!... [1]
Preuve qu'on commence à s'guérir!

 Cette méthode est-elle sûre,
Dans la saison où j'avançons?
Comme tout croît dans la nature,
Les prés, les fleurs et les moissons;
Si l'fléau s'enterre sous l'herbe,
Pour l'été prochain j'ai grand' peur
D' voir récolter la peste en gerbe
Ou bien la fièvre jaune en fleur!

 Oui, bien qu'en brouille avec l'Espagne,
Cela n'empêche pas, pourtant,
Que l'commerce sur la montagne,
N's'y fasse par plus d'un habitant;
L'acheteur, celui qui veut vendre,
A vingt-cinq pas sont abouchés!
Je n'sais comment on peut s'entendre,
Entre gens si peu rapprochés!

 Tout d'aussi loin, sans anicroche,
Les marchés sont bientôt conclus;
Malgré qu'on achett' chat en poche,
Dans l'vinaigre on pass' les écus;
Ah! si l'hymen de nos pucelles.

---

[1] A cette époque, on ne devait pas brûler, mais enterrer ce qu'on tuait, venant d'Espagne.

S'bâclait ainsi, de point en point,
Que de choses manquant chez elles,
Qu'à cett' distance on n'verrait point !

Pour qu'la santé s'améliore
Dieu ! que l'service est aggravant !
Bivaquer ne s'rait rien encore,
Si l'on était exempt du vent !
Mais la nuit, il souffle d'Espagne,
Si fort, que l'matin, me levant,
J'suis étonné d'voir notr' montagne
En même place qu'auparavant !

Moi, dont la soif de vin s'étanche,
Pour cett' boisson j'suis mal planté,
Dans la montagne on trouve, en r'vanche,
De l'eau de toute qualité ;
Chaude, froide, ou sentant la rouille,
Ici, l'amateur en boira ;
Mais faut êtr' canard ou grenouille
Pour s'connaître à tout's ces eaux là !

J'espère que l'cordon sanitaire
Aux Espagnols sert de leçon ;
Mais que ces messieurs, sur notr' terre
Veulent importer leur poison ;
Sans craindre c'qui pourra s'en suivre,
Pour tirer d'sus, j's'rons diligens ;

Bien que, pour leur apprendre à vivre,
Il soit dur de tuer les gens!

ÉPIGRAMME SUR UN CURÉ.

1846.

Pour le repos de l'âme de son père,
Certain manant va trouver son curé,
En le priant de dire, avec salaire,
Quelques messes à l'enterré ;
« Combien les paîrai-je chacune ?
--Vingt sols !--C'est cher; car dans l'autre commune,
« A quinze sols l'on m'en dira :
— A quinze sols ? ah ! tu ris, j'imagine,
« D'en demander à ce prix là ?...
« Mes burettes tiennent chopine ! »

ÉPIGRAMME SUR DEUX NORMANDS.

1817.

C'est une horreur, en vérité,
» Le prix du chanvre est augmenté !

— Peu m'importe ! dit certain drille,
Que ses doigts accusaient Normand,
« Nous sommes, dans notre famille,
« Tous pendus *par abonnement* ! »

L'HEUREUX BOSSU.

1845.

AIR de la partie carrée

Si, de mon corps ébauchant l'édifice,
Dame Nature, au monde me jetant,
L'a mal tourné, son bizarre caprice
De mon esprit ne put en faire autant ;
Malin, joyeux, de tout enclin à rire,
Sur les brocards il a pris le dessu,
Et quand, parfois, de moi j'entends médire ;
 Je ris comme un bossu !   *(bis)*

Voyez Tufier ! sa vaniteuse audace
De sa hauteur déverse le mépris :
S'il faut l'en croire, il descend d'une race
Qui n'engendra que comtes et marquis !
Partout il vante, en son humeur altière,
Son noble sang !... moi, qui le sais issu
D'un perruquier et d'une couturière...
 Je ris comme un bossu !

De mon voisin la flamme passagère
Aime à brûler de beautés en beautés ;
Sans nul égard envers sa ménagère,
Lui cachant peu ses infidélités ;
Hier encore il pressait une belle,
Lorsque sa femme advint à son insu,
Et le surprit, caressant la donzelle....
   J'ai ri comme un bossu !

A l'Institut, certain jour de séance,
En amateur j'allai porter mes pas :
On y lisait un morceau d'éloquence,
Ou soi-disant, que l'on n'écoutait pas :
Chacun ronflait d'une ardeur peu commune,
Quand l'orateur, en son espoir déçu,
Honteux, confus, déserta la tribune....
   J'ai ri comme un bossu !

Fine raison, enveloppe sauvage,
Esprit piquant et sublime à la fois,
Du Phrygien ont été le partage,
Pour éclairer les peuples et les rois :
Sous ses pinceaux, en fictions aimables,
L'Allégorie offre un sens apperçu ;
Divin Esope ! en apprenant tes fables,
   J'ai ri comme un bossu !

Des Livres-Saints, parcourant une page,
Si, par hasard, je n'ai lu de travers,

J'ai lu que Dieu fit l'homme à son image,
Quand de ses mains s'échappa l'univers : [1]
Or, de mes traits réfléchissant l'ensemble,
Chaque miroir me peint laid, mal conçu ;
Mais en voyant qu'au Bon Dieu je ressemble...
　Je ris comme un bossu !

Qu'un étourdi vole un tuteur avare,
Ou qu'une Agnès déroute son Argus,
Qu'une moitié dupe un mari bizarre,
Qu'une danseuse appauvrisse un Crésus !
Qu'une modiste imite l'innocente !
Dès que de moi cela se trouve su,
Plein de malice, en mon humeur plaisante,
　Je ris comme un bossu !

LA VERTU

1827.

AIR : Vous n'êtes plus Lisette.

Sentier fort peu battu
　De la race actuelle,

---

[1] On m'a dit que ce vers avait quelqu'air de parenté avec un de ceux appartenant à M. Casimir-Delavigne; c'est très flatteur pour moi, sans doute : quel est l'aîné des deux ? je l'ignore ; ce que je sais, c'est que ma chanson fut composée en 1815 et courut manuscrite dans l'armée, à cette époque.
　　　　(*Nota du Vieux Grognard.*)

Tu veux, dans la vertu,
Cheminer droit, ma belle !

 Eh ! que veux-tu ?
 Adèle, mon Adèle !
 Eh ! que veux-tu
 Faire avec ta vertu ?

Adèle ! à mon amour
Cesse d'être rebelle ;
Prends exemple à la cour,
Et ne sois plus cruelle :
 Eh ! que veux etc.

Malgré nos pénaillons
Et leur noire séquelle,
L'honneur est en haillons,
Et le vice en dentelle....
 Eh ! que veux etc.

A la voix du pouvoir,
Toute vertu chancelle,
Soyons sourds au devoir,
Quand la fortune appelle :
 Eh ! que etc.

Il trahit son pays !!
Et pour prix d'un tel zèle

Sur le sein de Damis
Une croix étincelle !
   Eh ! que, etc.

Vois ces preux que l'honneur
A pris sous sa tutelle,
La faim, au vers rongeur,
Trop souvent les harcelle !
   Eh ! que, etc.

Au char de Juvénal
En vain Gilbert s'attelle ;
Il lègue à l'hôpital,
Sa dépouille mortelle ;
   Eh! que, etc

Pour te tirer d'erreur,
Plus d'un grand te révelle
Que honte et déshonneur
Ne sont que bagatelle ;
   Eh! que, etc.

Inconstante en amans.
Mais au plaisir fidèle,
Robes et diamans
Viendront par ribambelle !
   Eh! que, etc.

Sans borne en tes désirs,

Prends Ninon pour modèle ;
Pour fixer les plaisirs,
Ninon fut tendre et belle,
 Eh ! que, etc.

En fesant mon bonheur
Si tu m'es infidèle,
C'est que ton suborneur
Te chante en ritournelle :
 « Eh ! que veux tu ?
 « Adèle, mon Adèle !
 « Eh ! que veux tu
 « Faire avec ta vertu ?

MON LUTH.

1829.

AIR : A soixante ans.

Pauvre soldat, jouet de la fortune,
Je n'ai qu'un luth aux accords ignorés ;
Il n'a jamais, d'une corde importune,
Frappé des cours les portiques dorés :
Sous l'humble toît où le bonheur réside,
Ses doux accens osent vibrer parfois !
Gai troubadour, je prends Momus pour guide :
Qu'ai-je besoin de la faveur des rois ?

Orné de pampre, à l'amant d'Erigone,
Mon luth, à table adresse des chansons :
Pour le plaisir, sa corde qui résonne,
Aux chocs du verre unit de joyeux sons :
Par le nectar qui toujours nous déride,
Bacchus tient lieu des plus riches emplois :
Gai troubadour, je prends ce dieu pour guide :
Qu'ai-je besoin de la faveur des rois ?

Surpris aux lacs que l'amour lui sut tendre,
Mon luth captif attira la beauté ;
Et chanterelle, à la voix pure et tendre,
Il soupira doux airs de volupté :
Aux fers brillans d'une orgueilleuse Armide,
De la grisette il préfère les lois ;
Gai troubadour, je prends l'amour pour guide;
Qu'ai-je besoin de la faveur des rois ?

Au tems funeste où gémissait la France,
Pour un peu d'or, on vit, le bras tendu,
De vieux soldats mendier, ô démence !
Le prix d'un sang noblement répandu :
Loin, loin de nous tout indigne subside !
Seul le laurier sait payer les exploits :
Gai troubadour, je prends l'honneur pour guide,
Qu'ai-je besoin de la faveur des rois ?

Jusqu'au flambeau de la voûte éthérée,

Que l'aigle altier porte un vol radieux ;
D'obscurs desirs mon âme est altérée ;
Ah ! trop d'éclat éblouirait mes yeux.
Sable mouvant, qu'envain on consolide,
Des dignités fragile est le pavois ;
Gai troubadour, je prends l'espoir pour guide ;
Qu'ai-je besoin de la faveur des rois ?

ENTREZ ! NE VOUS AMUSEZ PAS AUX BAGATELLES DE LA PORTE.

1816.

AIR : J'étais bon chasseur.

Par-ci, par-là, nouvel objet
A chansonner s'offre à ma Muse,
Qui souvent, butine un sujet,
Quand, vrai badaud, je flâne et muse :
Aux boulevarts portant mes pas,
Pierrot criait d'une voix forte :
« Entrez ! ne vous amusez pas
« Aux bagatelles de la porte !

Moitié figue, moitié raisin,
Ce vieux refrain est en usage ;
Qu'un marchand de son magasin

Expose le riche étalage ;
Il dit, en faisant les beaux bras,
A ceux que son luxe transporte :
« Entrez ne vous amusez pas
« Aux bagatelles de la porte !

Novices ! brûlant d'explorer
Le fond du temple de Cythère ;
Qui, par désir d'y pénétrer,
En assiégez le sanctuaire :
Pour que l'amour et ses ébats
Du plaisir vous offrent l'escorte :
« Entrez ! ne vous amusez pas
« Aux bagatelles de la porte !

Gourmands ! dans la rue installés
Devant le Rocher de Cancale ;
Vous, dont les palais titillés
Hument l'odeur qui s'en exhale ;
Gras amateurs de bons repas,
A qui nulle autre chose importe :
« Entrez ! ne vous amusez pas
« Aux bagatelles de la porte !

Ah ! loin d'imiter ce gourmet,
Qui, dans une erreur, sans pareille,
Pour en savourer le bouquet,
Flaire le doux jus de la treille ;

Ma bouche, ivre de ses appas,
Dit à la liqueur que j'y porte :
« Entrez! ne vous amusez pas
Aux bagatelles de la porte!

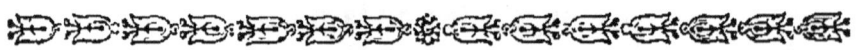

ON VIT DE HONTE, ON N'EN MEURT PLUS!

A DE BÉRANGER.

1827.

Air du Vilain.

Cher Béranger, en vain ta lyre
Veut s'armer de sévérité ;
En vain la vertu qui t'inspire,
Flétrit notre immoralité ;
Quand nos politiques Tartufes,
A nos droits, hélas! méconnus,
Préfèrent une dinde aux truffes.... (*bis*)
On vit de honte, on n'en meurt plus !

Du peuple félon mandataire,
Quoi! ce Démosthène acheté,
Sous les fourches du ministère,
Fait passer notre liberté !!

Pour un vil métal, oui, le traître,
Sans craindre le sort de Malchus,
Nouveau Judas livre son maître!...
On vit de honte, on n'en meurt plus!

En entassant maintes pistoles.
Apôtres de la mission,
Vous qui, si purs en vos paroles,
Offrez le vice en action ;
Au profit de vos momeries,
Exploitez les fangeux tributs
Et des jeux et des loteries!..
On vit de honte, on n'en meurt plus!

Toi, pour t'enrichir, fais faillite!
Toi, conspire et sois délateur!
Toi, Bazile, deviens jésuite,
N'es-tu pas calomniateur?
Toi, de ton épouse trafique!
Toi, siége parmi nos ventrus!
Gens à conscience élastique,
On vit de honte, on n'en meurt plus!

Honneur, vertu, gloire, courage,
Grâce au ciel, vous disparaissez!
De votre importun esclavage
Nous nous sommes enfin lassés!
Bassesse, orgueil et tyrannie,

Tous nos cœurs vous sont dévolus !
Engraissons nous d'ignominie !
On vit de honte . on n'en meurt plus !

AU DIABLE LA GALÈRE !

1828.

Air · Rions, chantons, aimons, buvons.

Je suis garçon , je suis joyeux,
Sans chagrin s'écoule ma vie :
De m'unir à femme aux doux yeux ,
Chacun me presse et me convie,
« De l'hymen le parfait bonheur
» A vos goûts ne saurait-il plaire ?
— Non , messieurs ! non ! vraiment d'honneur !
A tous les diables la galère !

Au char des caprices d'un grand ,
Par intérêt maint fou s'attache ;
Flatter jour et nuit un tyran ,
Quelle ignoble et pénible tâche !
Ah ! l'or peut-il donc anoblir
Ses bons momens ou sa colère ?
Jamais je ne sus m'avilir !
A tous les diables la galère !

N'as-tu pas lieu d'être jaloux?
« Ta Caroline est infidèle ;
» Aux galans donnant rendez-vous,
» Chaque soir te trompe la belle!..
— Changer des jours pleins de santé,
Contre une humeur atrabilaire!
Eh! que deviendrait ma gaîté?
A tous les diables la galère!

Ne sois sourd à l'ambition!
« Un porte-feuille est en vacance ;
» Ami! la belle occasion,
» Si tu veux gouverner la France!
» Villèle en fut fort bien doté,
» Sa fortune est énorme et claire!...
— Sans or j'ai de la probité,
A tous les diables la galère!

Quand la mort, dans son casse-cou,
M'aura fait faire la culbute,
Pour m'envoyer je ne sais où,
Avec Caron j'aurai dispute ;
Et s'il me dit vers l'Achéron :
« Que ton pas tardif s'accélère!..
— Rien ne presse, mon vieux Caron!
A tous les diables ta galère!

CHANSONNETTE.

1826.

AIR : Ma Tante Urlurette

Des grands je hais les galas ;
Qui fait faute à leurs repas
Et détester l'étiquette ?
   Chansonnette ! chansonnette !
   C'est la chansonnette !

Sans avenir devant eux,
Qui, pour enivrer les gueux,
Change en Bordeaux la piquette ?
   Chansonnette, etc.

De vin et d'amour épris,
Pour égayer nos esprits,
Que nous faut-il, ma Lisette ?
   Chansonnette, etc.

Après de galans exploits,
Qui fait résonner nos voix
Et reposer ta couchette ?
   Chansonnette, etc.

Sans perles, sans diamans,
Qu'offre à ses nombreux amans,
Pour les charmer la grisette ?
   Chansonnette, etc.

Quand triste il ne chante pas,
Qui, dans un joyeux repas,
Fait d'un savant une bête ?
   Chansonnette, etc,

Pour bien gouverner l'état,
Momus à tout potentat
Dicte une sûre recette !
   Chansonnette, etc.

Malgré charte et députés,
Qui sauva nos libertés
D'une ruine complète ?
   Chansonnette, etc.

Riant d'un piquant refrain,
« Qu'on chante ! » a dit Mazarin;
« Qui fait hausser ma recette ?
   Chansonnette, etc.

Foin des médecins grimauds !
Oui, le remède à tous maux,
Dont vite il faut faire emplette,
   Chansonnette; etc-

Sur la terre et dans les cieux,
Qui rend les êtres joyeux?
Qui met l'univers en fête?
Chansonnette! chansonnette!
C'est la chansonnette!

LE PARIA COSMOPOLITE.

1826.

AIR :

Un fou, que le diable tentait,
(Tout est bon à l'esprit immonde.)
Pour prêcher ceux qu'il visitait,
Se mit à parcourir le monde :
« Quand à se rouiller en repos,
« Français ta valeur est réduite,
« Cesse d'enrôler tes drapeaux.
« Sous la bannière du Jésuite :
Il dit: et Mont-Rouge cria :
Vite en prison le Paria !

Trompant les geôliers de Paris
Il se transporte en Ibérie ;
« Ce pays, sans doute, a le prix
« Du dévoûment à la patrie !

« Quoi ! pour tant de sang répandu,
« Pour dévorer leurs patrimoines,
« Aux Espagnols on a rendu
« Les Camarillas et les Moines !
Il dit : un *Familier* cria :
« Vite, brûlons le Paria !

Du fagot à peine échappé,
Maître fou s'enfuit droit à Rome :
Y trouve un peuple enveloppé
Dans les ténèbres d'un long somme ;
« Debout Romains ! plus de revers !
« De l'honneur que le cri vous frappe !
« Avez-vous vaincu l'univers,
« Pour baiser la mule d'un Pape ?
Il dit : le Vatican cria :
Vite, anathême au Paria !

Excommunié, bien portant,
Des états de notre Saint-Père,
Un vent quelque peu protestant,
Souffle et le pousse en Angleterre.
« Au gré de tes ambitions,
« Toujours, nation despotique !
« Livreras-tu les nations
« Au crime de la politique ?
Il dit : et maint *Goddem* cria :
Vite, boxons le Paria !

Peu versé dans le coup de poing,
Dont tout brave Anglais n'est pas chiche,
Notre homme, pour un autre point
S'embarque et visite l'Autriche ;
« La vertu, sans seize quartiers,
« Chez vous ne vaudra-t-elle un titre,
« Chanoinesses, Barons altiers !
« Pour obtenir place au Chapitre ?
Il dit : la sottise cria :
Vite, expulsons le Paria !

« Oui, partout les hommes sont fous :
« Captifs, ils tombent dans la nasse :
« Chargés de fers ou de licoux,
« Du joug pas un d'eux ne se lasse ;
« Des Czars empire menaçant,
« Salut ! Mais pourquoi ces entraves !
« Un peuple est-il vraiment puissant
« S'il porte en son sein des esclaves ?
Il dit : la noblesse cria :
« Vite, le knout au Paria !

Le dos dûment épousseté,
Ce fou, je crois, des plus malades,
Chez les Musulmans exporté,
Revient à ses jérémiades :
« Délivrez vos cols de lacets,
« Vos belles d'eunuques infâmes !

« Ah! chantez, comme les Français,
« Le vin, la liberté des femmes!
Il dit : mais, hélas on cria :
« Vite, empalons le Paria!

MES ADIEUX A LA FRANCE.

1828.

Air de Joseph.

Tranquille au milieu des orages,
Sur les flots trompeurs je voguais :
Abandonnant tes douces plages,
Belle France! je t'invoquais!
Là, disais-je, l'âme oppressée,
Là, je laisse de vrais amis!
Sur les ailes de la pensée,
Partez mes vœux pour mon pays!

Ma mère, ô toi, dont la tendresse
A mon bonheur prend tant de part,
Toi qui de ma folle jeunesse
Sus obvier à maint écart!
Quand, là-bas, triste et délaissée
Tu songes, plaintive, à ton fils,

Sur les ailes de la pensée,
Partez mes vœux pour mon pays !

Adieu, bon Félix ! toi, qu'on n'aime,
Qu'on ne peut chérir à demi !
Adieu braves du Dix-Neuvième,
Parfois pensez à votre ami !
Hélas ! dans sa fugue insensée,
Son cœur ne vous a point trahis ;
Sur les ailes de la pensée,
Partez mes vœux pour mon pays !

Du plaisir sémillant apôtre,
A qui je dus si douces nuits,
Minette ! dans les bras d'une autre,
Pourrai-je endormir mes ennuis ?
Illusion trop tôt passée,
Sans retour, hélas ! tu me fuis !
Sur les ailes de la pensée,
Partez mes vœux pour mon pays !

Quels coteaux, quels rians feuillages
S'offrent au loin à mes regards !
Pour charmer ces féconds rivages,
Venez, Gaité, venez, Beaux-Arts !
Par l'espoir mon âme bercée,
Croira ses beaux jours refleuris ;
Sur les ailes de la pensée
Partez mes vœux pour mon pays !

M'y voilà ! voilà cette terre,
Où l'hiver suspend ses rigueurs !
Quel riche et séduisant parterre
De gazons, de fruits et de fleurs !
De fleurs, de gazons tapissée,
France ! ici je rêve à tes fruits !
Sur les aîles de la pensée,
Partez mes vœux pour mon pays !

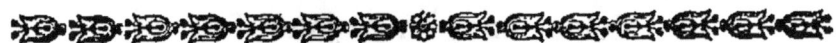

A TON TOUR, PAILLASSE.

1845.

AIR : La Comédie est un miroir,

Le refrain de cette chanson,
   Je l'ai pris sans façon,
De deux sauteurs dont l'un fesait
   Assaut de passe-passe.
  Puis à l'autre disait :
« C'est à ton tour, Paillasse ! »

De tous trônes nous voyons tant
   De rois dégringolant,
Que chacun d'eux, fort mécontent,
   Au roi qui le remplace,
  Peut dire, s'en allant :
C'est à ton tour, Paillasse !

Notre voisin m'a fait c... ;
>   J'en suis trop convaincu :
Sa femme veut qu'il soit puni
>   De cet excès d'audace !
>   « Ponds, dit-elle, en son nid!...
>   » C'est à ton tour paillasse ! »

Et toi, critique malveillant !
>   Qui vas toujours sifflant ;
Melpomène, en ce jour, fait voir
>   Tes titres au Parnasse ;
>   Mais gare à toi, ce soir :
>   « C'est à ton tour, Paillasse ! »

Bourgogne, Champagne, Bordeaux,
>   Cessez d'être rivaux !
De vos attraits mon goût imbu,
>   Vous range à même place,
>   Et dit : quand l'un est bu :
>   « C'est à ton tour, Paillasse ! »

La mort, tout en n'y pensant pas,
>   Nous fait sauter le pas ;
Mais quand la Camarde viendra
>   Me faire la grimace,
>   Voici mon *libera* :
>   « C'est à ton tour, Paillasse ! »

LE FRÈRE ET LA SOEUR.

1825.

AIR : J'étais bon chasseur.

Bambocheur, fort mauvais sujet,
J'aime le jeu, le vin, la fille;
Mais, en revanche, ma sœur est
Nonne et l'honneur de la famille :
Entre nos goûts, peu rapprochés,
Existe une étroite alliance ;
Car plus je commets de péchés,
Plus ma sœur en fait pénitence !

Parfois je hante les tripots ;
Mais au jeu mon ardeur préfère,
Après avoir vidé vingt pots,
Un galant voyage à Cythère :
Combien de baisers arrachés,
Que d'accrocs faits à l'innocence !
Car plus je commets de péchés,
Plus ma sœur en fait pénitence !

A la guerre, on m'a vu souvent,
Par amour du droit de conquête,

Enlevant d'assaut un couvent,
Aux abois mettre une nonnette ;
Dieu ! qu'alors étaient relâchés,
Ses chastes vœux de continence !
Car plus je commets de péchés,
Plus ma sœur en fait pénitence !

O Gaité, couronne mes vœux,
Dès qu'un festin double tes charmes !!!
Sachant surtout que, pour nous deux,
Ma sœur jeûne et verse des larmes :
Je ris, quand ses yeux desséchés
Du ciel implorent l'assistance :
Car plus je commets de péchés,
Plus ma sœur en fait pénitence !

Sur mon salut fort en repos,
(Ma sœur s'en charge, en ses prières,)
Sans soucis et toujours dispos,
Pour moi la vie est sans misères ;
Avec d'aimables débauchés
L'avenir n'a point d'influence !
Car plus je commets de péchés,
Plus ma sœur en fait pénitence !

Mais quand, pris à son trébuchet,
La mort me fera disparaître,
Là-haut Saint-Pierre à son guichet,

Dira, venant me reconnaître :
« Contre toi les Cieux sont fâchés ! »
— Le repentir lave l'offense,
Car plus j'ai commis de péchés,
Plus ma sœur en fit pénitence !

AMOUR ET GLOIRE.

ROMANCE.

Musique de M.

Amant, guerrier, troubadour à la fois,
C'est convoiter une triple couronne !
Ah ! je m'abuse et déja sous mes doigts
Mon luth joyeux plus, hélas, ne résonne !
Daigne, ô Phébus ! daigne échauffer mon cœur
D'un pur rayon de ta flamme immortelle !
Je suis amant, je dois chanter ma belle,
Je suis Français, je dois chanter l'honneur !

Le myrte heureux couronna mes plaisirs,
Dans mon jeune âge, au sein de ma maîtresse !
Bientôt la gloire, enflammant mes désirs,
Dans mon jeune âge éteignit la tendresse ;
Pour toutes deux, d'une égale ferveur,
J'ose aujourd'hui faire éclater mon zèle !
    Je suis amant etc.

Comme mes traits mon cœur n'a point vieilli :
Brûlant pour vous des feux de sa jeunesse,
Sous le rameau que vos mains ont cueilli,
Mon front verdit et d'orgueil et d'ivresse ;
Amour et gloire ! image du bonheur,
A votre char à jamais je m'attèle ;
   Je suis amant, etc.

Du tems, hélas ! inflexibles suppôts,
Apparaîtront et la neige et les rides :
L'amour fuira, m'accordant un repos,
Trop nécessaire à mes sens invalides ;
Des jeunes gens aiguillonnant l'ardeur,
Ma voix dira, lors impuissant modèle :
« Je fus amant, j'ai dû chanter ma belle :
« Je suis français, j'ai dû chanter l'honneur !

LA FILLE DU SACRISTAIN.

1832.

AIR : de Calpigi.

Je l'ai connue à quinze années :
Ses roses n'étaient point fanées ;
Accorte, svelte et faite au tour
Ses yeux bleus provoquaient l'amour ! (*bis*)
Les dimanches et jours de fêtes,

L'église attirait ses conquêtes ;
Fillettes ! craignez le destin
De la fille du sacristain ! (*bis*)

Aux lacs de l'amour nul ne s'arrache !
Le vicaire s'en amourache ;
Prendre un vicaire au dépourvu
Pour un curé cela s'est vu ;
Bref : ainsi se passa la chose ;
Chez lui, pour servante, il prit Rose !
    Fillettes, etc.

Là, petits soins et bonne table !
Jour de paix et nuit délectable !
Fruits, bonbons et sirops confits
Bus, *au nom du Père et du Fils !*
Un dragon débarquant du Caire,
Souffle un beau soir Rose au vicaire....
    Fillettes, etc.

Cacher un cœur aussi profane !
Le casque a vaincu la soutane :
Hélas ! abjurant son salut,
A ce troc Rosette se plut !
Arborant une autre bannière,
Rose est charmante en cantinière ;
    Fillettes, etc.

Plus de jeûne, plus de vigile !

Rose suit un autre évangile :
Buvant, sacrant, jurant : « morbleu ! »
D'amour pétille son œil bleu !
Pas d'officier qu'il ne lutine !
Chacun s'enivre à sa cantine :
    Fillettes, etc.

Détaillant plaisir et rogomme,
Rose et dragons s'en vont à Rome :
Malgré son air peu virginal,
Elle y séduit un Cardinal :
Même Rose, à qui tout prospère,
En paradis met le Saint-Père !!
    Fillettes, etc.

O bonheur ! Rose est la soupape
Des faveurs que répand le pape !
De sa sainteté les neveux
Par elle ont vu combler leurs vœux ;
Mais au diable, chapeaux, barrette !!!
Rose fuit avec un trompette !
    Fillettes, etc.

Hélas ! ici le tableau change ;
Rose battue et dans la fange,
Repentante, revint, tout droit,
Au vicaire de son endroit ;
Qui, malgré sa nièce Thérèse,

L'installa loueuse de chaise ;
    Fillettes, etc.

Rose au clocher de son village
Mourut, regrettant son jeune âge,
Vicaire, dragons et beaux jours,
Cardinaux, pape et les Amours :
Et même l'histoire répète
Qu'elle regretta son trompette !
Fillettes ! craignez le destin
De la fille du sacristain !

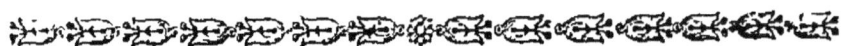

LA GAITÉ,

1824.

AIR : Des Scythes et des Amazones.

Si j'ai chanté nos guerriers et la gloire,
Quand nos lauriers ombrageaient l'univers,
Quand, devançant le char de la Victoire,
Nos fiers soldats ignoraient les revers ;
Adoucissant aujourd'hui de ma lyre
Le ton, jadis, justement exalté,
Le cœur ému d'un aimable délire,
Je veux, amis, célébrer la Gaîté !

O des mortels déité tutélaire !
De tes bienfaits qui ne connaît le prix ?
L'infortuné, qu'assiège la misère
Rêve au bonheur, de toi s'il est épris ;
Dans les palais tapissés d'opulence,
Du sombre ennui séjour trop fréquenté,
Le plaisir luit, quand, fort de ta présence,
Tu lui souris, énivrante Gaîté !

Il m'en souvient ! dans les champs de Russie,
En proie, hélas ! aux autans, aux frimats,
Le corps brisé j'allais perdre la vie,
Douce gaîté ! toi seule me sauvas ;
Bravant l'horreur de ce climat perfide,
Qu'offrais-je aux coups du destin irrité ?
En vrai soldat, un front calme, intrépide,
Etincelant d'espoir et de Gaîté !

A l'allégresse abandonnant son âme,
Inaccessible aux larmes, aux douleurs,
Dans les revers décochant l'épigramme,
L'heureux français sourit à ses malheurs !
Lorsqu'un ramas de peuplades sauvages,
Produit grossier d'un sol plein d'âpreté,
Semait le deuil sur nos féconds rivages !
Qui nous soutint ! c'est toi, douce Gaîté !

Dans nos festins bannissant l'étiquette,

Les égayant du sel de tes bons mots,
Folle Gaîté ! le convive répète
Piquans refrains et malins à-propos.
Puis au dessert, où le plus joyeux brille,
Momus accourt de Bacchus escorté,
Et de l'Aï qui bouillonne et pétille,
Le bouchon part, lancé par la Gaîté !

Puisse un avare, en sa riche indigence,
D'un or oisif augmenter ses trésors !
Puisse un flatteur, adulant la puissance,
Voir d'un ruban couronner ses efforts !
Puisse un amant, dans les bras de sa mie,
Ivre d'amour, puiser la volupté !
Puisse chacun contenter son envie !
Puissè-je, moi, conserver ma gaîté !

QUE CHANTERAI-JE ?

1846.

Air : J'étais bon chasseur.

On a traité tant de sujets,
Que je suis loin d'être à mon aise,
Pour improviser des couplets
Sur un motif neuf et qui plaise !

Plus d'un auteur, en certains cas,
Chanta le feu, l'onde et la neige !
Ah ! tirez-moi donc d'embarras ;
Dites-le moi, que chanterai-je ?

Vous dirai-je l'urbanité
De nos grands ! de nos gens en place ?
Le jeûne et la sobriété
Des chanoines à large face ?
La déférence des acteurs
Pour un public qui les protège ?
L'humilité de nos auteurs ?
Dites-le moi, que chanterai-je ?

Peindrai-je le luxe effronté
De nos Laïs, en équipage,
Insultant d'un front éhonté,
L'humble vertu sur leur passage ?
Cet essaim de fous inconstans,
Dans leur boudoir qui les assiège,
Et se ruine en peu de tems ?
Dites-le moi, que chanterai-je ?

Rendant justice à nos guerriers,
La gloire et l'honneur de la France,
Qui cueillirent tant de lauriers,
En se battant pour sa défense ;
Pourrai-je peindre avec éclat

Leur courage dans plus d'un siège,
Leur calme au milieu du combat?
Dites-le moi, que chanterai-je?

Songeant aux affaires du tems,
Je ne puis à ce qu'on m'assure,
Parler de nos représentans,
De politique et de censure;
Ah! puisqu'on ne peut, sans trembler,
A moins d'avoir un privilège,
Se servir de son franc-parler....
Dites-le moi que chanterai-je?

MON RÊVE.

1827.

Air : de Préville et de Taconnet.

Je sommeillais! cela m'est ordinaire,
Quand le plaisir m'a par trop fatigué!
A mes côtés, la jeune et tendre Claire
Me promettait le réveil le plus gai;
Heureux j'étais! mais tout-à-coup, en rêve,
Je vois Satan s'abattre sur mon sein;
« Qu'aux sots, dit-il, ta Muse fasse trêve;
« Brise ta lyre et fais-toi capucin!

» Moi, capucin! y pensez-vous beau sire!

Aussitôt, dis-je, au monarque cornu ;
« D'un sale froc embéguiner ma lyre,
« Et mendiant cheminer le pied nu !
« Pour Saint-François abandonner les Muses !
« Non, ce projet n'obtiendra pas mon seing...
— Pauvre ignorant ! ah ! combien tu t'abuses,
Brise ta lyre et fais-toi capucin !

» Connais du froc la magique influence.
« Il brave en paix le pouvoir et les lois ;
« Et jusqu'au trône élevant sa puissance,
« Mêle sa bure à la pourpre des rois !!
« L'amour si fier fut souvent son esclave :
« De son cordon vois encore ce dieu ceint,
« En Ibérie adorer cette entrave !
« Brise ta lyre et fais-toi capucin !

» Brise ta lyre ! ou plutôt, que mystique
« Et reniant ses chants de liberté,
« Pour Saint-Ignace elle entonne un cantique,
« Par Saint-Acheul et Montrouge exalté ;
« Richesse, honneurs, table du ministère,
« Tout comble alors les vœux du nouveau saint !
« Le paradis s'ouvre à toi sur la terre ;
« Brise ta lyre et fais-toi capucin !

L'ambition (était-ce bien un rêve !)
De son poison, hélas ! atteint mon cœur,

Et Lucifer, dont le projet s'achève,
De ma raison demeure le vainqueur !
Vil renégat des rives du Permesse,
Ignace enrôle un nouveau fantassin !
L'enfer ravi hurlait en son ivresse :
« Brise ta lyre et fais-toi capucin ! »

Claire, en riant de ma métamorphose,
Couvre mon chef du sombre capuchon,
Sa douce main ajustant chaque chose,
De Saint-François allonge le cordon ;
Manquait la barbe et Claire officieuse
En fit les frais non sans quelque dessein ;
Puis soupirait, en extase amoureuse :
« Brise ta lyre et fais toi capucin !

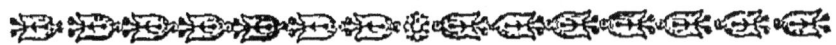

L'HEUREUX CARACTÈRE.

1831.

Air : Attendez moi sous l'orme

Aux maux dont la nature
Nous accable ici-bas,
Opposer le murmure !
Ça ne les guérit pas !
Heureux l'homme, sur terre,

Qui de rien n'est peiné!!....
Tel est le caractère
Que le ciel m'a donné!

Le Vésuve bouillonne ;
Pompéïa s'engloutit :
Mais sa lave nous donne
Le Lacryma-Christi ;
Je bois à son cratère,
De pampre couronné !

 Tel est, etc.

Des éclats de la foudre
Nos aigles fracassés,
Recouvrent de leur poudre,
Vingt trônes renversés ;
Du choc qui les attère
Je vois l'olivier né !

 Tel est, etc.

Sans que la jalousie
M'injectât son poison,
Je pourrais d'Aspasie
Me plaindre avec raison :
Le plaisir me fait taire
Auprès d'un bon dîné ;

 Tel est, etc.

Battu de la tempête,
En un fort exilé,

La gaîté brille et fête
Mon réduit isolé ;
Loin du roc solitaire,
L'ennui fuit étonné !
   Tel est, etc.

Vin vieux, jeune fillette ;
Censeurs, voilà mon goût !
Puis Momus en goguette,
Vient brocher sur le tout ;
Pour Bacchus, pour Cythère,
Oui, toujours j'inclinai ;
   Tel est, etc.

A la mélancolie
Jurant aversion ;
Amour à la folie,
Haine à l'ambition ;
Au chagrin réfractaire,
Au plaisir adonné :
Tel est le caractère
Que le ciel m'a donné !

MINETTE.

1827.

Air : Ma tante Urlurette.

Guidé par la volupté.

Mon cœur aime une beauté,
Point bégueule, point coquette,
  C'est Minette, c'est Minette,
   Oui, c'est ma Minette!

Le désir brille en ses yeux;
Son visage radieux
Du plaisir est l'interprète.
  Chez Minette, chez Minette,
   Oui, chez ma Minette!

Bras arrondis par l'amour;
Taille svelte et faite au tour;
Pied charmant, jambe parfaite;
  C'est Minette, c'est Minette,
   Oui, c'est ma Minette!

Il est encor des appas
Plus jolis, qu'on ne voit pas;
L'Amour les fête en cachette,
  Chez Minette, chez Minette,
   Oui, chez ma Minette!

En leurs bruyans rendez-vous,
Loin d'imiter les matous,
Ma flamme brûle discrète
  Pour Minette, pour Minette,
   Oui, pour ma Minette!

Dieu! combien je suis heureux!
Vénus sourit à mes vœux

Et vient m'ouvrir la chambrette
De Minette, de Minette,
Oui, de ma Minette!

Trône des plus doux plaisirs,
Pour exciter mes désirs,
Qu'apperçois-je? la couchette
De Minette, de Minette,
Oui, de ma Minette!

Par l'amant des plus épris,
Cent baisers donnés et pris
Préludent à la défaite
De Minette, de Minette,
Oui, de ma Minette!

Amour! tire les rideaux;
Mon destin est des plus beaux,
Car ma victoire est complète
Sur Minette, sur Minette,
Oui, sur ma Minette!

LE FERMIER ÉLECTEUR.

1847.

Air :

Qu'il est charmant,
Monsieur d'Armand,
Le préfet du département!

Moi, gros fermier de Picardie,
Voilà qu'un jour il me convie,
Dans un billet fort bien tourné,
Chez lui d'accepter un dîné!
  Qu'il est, etc.

Des représentans de la Chambre,
Au chef-lieu s'élisait un membre :
Et ma qualité d'électeur
De ce dîner m'obtint l'honneur !
  Qu'il est, etc.

Un grand laquais, dès l'antichambre,
M'annonce... et tout parfumé d'ambre
Le préfet vient, d'un air ouvert,
Me placer devant mon couvert !
  Qu'il est, etc.

A table, loin d'être à ma guise,
Je suis auprès d'une marquise.
Qui, me toisant d'un œil altier,
Semblait dire : « Ah! quel roturier ! »
  Qu'il est, etc.

Vis-à-vis la noble marquise,
En grand deuil une autre Artémise,
En fesant à tous les yeux doux,
Déplorait la mort d'un époux !
  Qu'il est, etc.

Un conseiller de préfecture,
De fort maigre et sèche encolure,
Nous vantait, d'un ton très serré,
Le bonheur de l'administré!
    Qu'il est, etc.

Près de Madame la préfète,
Brillait une jeune épaulette,
Novice en amour, s'il en fut !
Dont elle couvait le début !
    Qu'il est, etc.

Le préfet, pérorant en sage,
Au Bordeaux obtint mon suffrage,
Mais dès qu'il parla de nos droits,
Au Champagne il gagna ma voix !
    Qu'il est, etc.

Pour enlever la préférence,
Que disputait la concurrence,
Mon vote aidant au contre-poids,
On but à ma santé deux fois !
    Qu'il est, etc.

Bref! depuis qu'il est à la Chambre,
A l'exemple de plus d'un membre,
Le préfet qui n'est point un sot,
N'a pas encor soufflé le mot !
    Qu'il est, etc.

On dit, que, faute d'éloquence,
Il a dû garder le silence;
Mais quand un jour il parlera,
On verra bien ce qu'il dira!!!
    Qu'il est charmant,
    Monsieur d'Armand,
Le préfet du département!

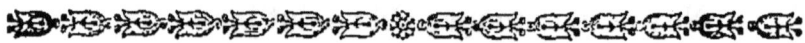

COURTE PRIÈRE ET LONG REPAS.

1848.

AIR : Je loge au quatrième étage.

Dévotion et gourmandise
Ne peuvent, dit-on, s'accorder;
A mon sens, par cette devise,
On devrait se laisser guider;
Gourmand dévot qui prétend suivre
Du salut la voie ici bas,
Doit toujours faire, pour *bien vivre*,
Courte prière et long repas!

Un jour, à déjeûner, m'invite
Certain chanoine, bon vivant,
Quand j'arrive... il s'en allait vite,
Dire sa messe auparavant!

Mais longue ne fut cette affaire,
Car mon hôte, dans pareil cas,
Avait l'habitude de faire
Courte prière et long repas!

De Cythère ancienne prêtresse,
Laïs encore, à cinquante ans,
Prétend qu'à son autel je laisse
Et ma prière et mon encens!
Sa table m'offre, en récompense,
Vins exquis et mets délicats;
Je fais alors, par bienséance,
Courte prière... et long repas!

Gourmands! quand le diner commence,
Honorons la Divinité!
Que chacun, par reconnaissance,
Dise son *benedicite*,
Par cette conduite exemplaire,
Ah! sanctifiant nos ébats,
Démontrons que nous savons faire
Courte prière .. et long repas!

LES PIEDS DE NEZ.

1822.

Air : Halte-là.

Cette nuit, durant un songe,

D'un vain charme pénétré,
Par le plus brillant mensonge
Mon cœur se trouve enivré,
Or, talens, biens qu'on adore,
Tout m'était subordonné!!
Mais bientôt, avec l'aurore,
Le tout s'en est retourné !
    Quels pieds d' nez !   (Bis.)
    Ce songe, hélas ! m'a donnés !

    Dans les nœuds du mariage,
Engagé depuis deux mois,
De femme fidèle et sa sage
Se vantant d'avoir fait choix ;
Cet époux, bouffi d'ivresse,
Croit son destin fortuné,
Quand tout à coup sa Lucrèce
Accouche d'un nouveau né !...
    Quels pieds d'nez!   (Bis.)
    Ce sot époux s'est donnés !

    Qu'un emploi soit en vacance,
Voyez maints ambitieux,
Pour avoir la préférence,
Se débattre à qui mieux-mieux !
Chacun, dans sa folle audace,
Rêve son brevet signé !...
L'emploi se donne : O disgrâce !

Aucun d'eux n'est désigné !
   Quels pieds d'nez !   (bis.)
   A tous on leur a donnés !

Pour décupler sa richesse,
Mondor, ce gros fournisseur,
Joue à la hausse, à la baisse,
Tout sourit à son bonheur !
Mais sur le sort qui spécule
Peut s'en voir abandonné !
Aussi, d'un coup de bascule,
Mondor tombe ruiné !...
   Quels pieds d'nez !   (bis.)
   L'épais Crésus s'est donnés !

Composant ma chansonnette,
Vraiment un instant j'ai cru
Que le sujet que j'y traite,
Mes amis, vous aurait plu !
Ah ! quelle était ma démence !
Car à votre air consterné,
Je dois, sans nulle indulgence,
Me dire d'un ton peiné :
   Quels pieds d'nez !   (bis.)
   L'auteur s'est ici donnés !

RÉQUISITOIRE DE DIEU,

contre Béranger,

A propos *du Dieu des bonnes gens, du bon Dieu*, et autres chansons *ejusdem farinæ*.

1829.

Air · A coups d'pied, à coups d'poing.

Escobar m'écrit de Paris,
Que, dans des couplets, tu te ris
De ma puissance et de ma gloire !
De tes sarcasmes, Béranger,
Un jour je prétends me venger,
    Car en Enfer,
  Je veux que Lucifer
Te brûle la gueule et la mâchoire !

A ma fenêtre, comme un fou,
Tu me mets l'univers au cou,
Pour ma barbe c'est dérisoire !
Et puis, tu me fais, tout au long,
Pérorer comme un Fénélon !
    Mais en Enfer, etc.

Me dirais-tu dans quel sermon,
On m'a peint tolérant et bon?
Cesse d'outrager mon histoire!
Ah! mes ministres rancuneux [1]
Ont soin de me peindre tel qu'eux!
  Mais en, etc.

Au diable soient tes bonnes gens,
Qui n'ont pas besoin de régens,
De conclave, de consistoire,
Mes bonnes gens sont, entre nous,
L'abbé Guyon et Freyssinous!
  Mais en, etc.

Je suis de colère étouffé!...
Quoi! tu proscris l'Auto-da-fé!
Cet holocauste méritoire!
Veut-on devenir mon ami?
Vite une Saint-Barthélemy!
  Mais en, etc.

Tu souris à la pauvreté:
C'est le comble d'impiété,
C'est aux mœurs trop attentatoire!
Richesse et domination,

---

[1] Le vieux grognard préfère ce mot, à celui de *rancuniers*; affaire de goût et de dictionnaire simplement.

Voilà ma congrégation !
    Mais en , etc.

Prêchant surtout la liberté,
Tu fais, à ma divinité,
Subir une baisse notoire !
Dis : quand les hommes sont heureux,
« M'adressent-ils jamais leurs vœux ?
    Mais en , etc.

Toi, dont la bouche ne s'ouvrit,
Dont la lyre ne s'attendrit
Que pour l'infortune et la gloire ;
Pour prix de ta perversité,
En France tu seras chanté !
    Mais en enfer
  Je veux que Lucifer
Te brûle la gueule et la mâchoire !

FANFAN LABLAGUE

AU CAMP D'HELFAUT, DIT DE SAINT-OMER.

1827.

AIR : V'là c' que c'est d'avoir du cœur.

Moi, qui n'connaissant pas le camp,
Sur lui m'permettais maint cancan,

Comme en l' voyant j'eus la bouch' close !
    Morbleu ! la bell' chose !
    Qu'à tort on en glose !
On s'y trouv' comm' l' poisson dans l'eau ! [1]
V'là c' que c'est que l' camp d'Helfaut !

Pour y grimper, tout haletant,
Je me croyais, nouveau Titan,
Destiné z'a faire la guerre
    Au maîtr' du tonnerre
    Dont le ministère
Parfois n' gouvern' pas comme il faut !
V'là c' que c'est que l' camp d'Helfaut !

Bientôt, à cette illusion,
Succéda la réflexion ;
Pour voir, me disais-je à moi-même,
    Qu'on suit l' mêm' systême,
    Que partout c'est d' même,
Besoin n'est d' r'garder si haut !
V'là c' que c'est que l' camp d'Helfaut !

D'peur de d'venir inconséquent,
Retournons vite à notre camp !
Pour en parcourir l'étendue,

---

[1] A l'époque où les troupes l'ont occupé, le camp était rempli d'eau, circonstance qui se renouvelait à chaque orage.

Jouir de sa vue,
Visiter chaq'rue,
Quel dommag'qu'on n'ait pas d'bateau !
V'là c'que c'est que l'camp d'Helfaut !

La premièr' fois qu'je l'vis vraiment,
Je m'crus sur l'humide élément :
Dans ces tentes, en blanche toile,
La mer me dévoile
Un'flotte, à la voile,
Qui sort de la Manche ou d'l'Escaut !
V'la c'que c'est que l'camp d'Helfault !

Aux exercices de santé,
Là, chacun se sent excité !
Si l'plaisir de la pêch'vous tente,
On peut de sa tente,
Sans trop longue attente,
Prendre à l'ham'çon.... lièvre ou perdreau ;
V'la c'que c'est que l'camp d'Helfaut !

Bien qu'ce soit un camp d'amus'ment,
Pour sûr on aura d'l'avanc'ment ;
A défaut d'mitraille ou d'famine,
Queuq'fluxion d'poitrine,
Queuq'fièvre maline
Fera queuq'gros bonnet capot ;
V'la c'que c'est que l'camp d'Helfaut !

On augment'la sold'des troupiers ;
Mais berniq'pour les officiers !
L'minist' qui pour eux s'intéresse,
　　Veut, dans sa sagesse,
　　Que chacun d'eux laisse
Moitié d'son log'ment, pour impôt !... 1
V'la c'que c'est que l'camp d'Helfaut !

A Charles-Dix quand il viendra,
Chacun d'nous viv'le roi crîra :
Puis chaqu'régiment, à la file,
　　Devant lui défile !....
　　Le roi, plus tranquille,
Pour Paris repart'au galop....
V'la c'que c'est que l'camp d'Helfaut !

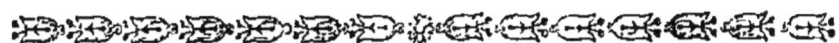

OPINION D'UN AMATEUR,
SUR LE CAMP D'HELFAUT.
1827.

Air : Faut d'la vertu.

Faut en vouloir au camp d'Helfaut,
Pour ne pas l'trouver comme il faut !

---

1 Cet impôt arbitraire a cessé, quelque tems après la publication de cette chanson, qui courut alors manuscrite.

« Heureux, le Vieux-Grognard ! s'il a pu contribuer à l'abolition d'une injustice, qui pesait sur ses camarades ! »

L'tracé du camp de gauche à droite,
Offre un coup d'œil original,
Et quoiqu'la ligne n'soit pas droite,
Pour un début c'n'est pas trop mal !
    Faut en vouloir, etc.

Bien qu'tout l'monde admir' la chapelle, [1]
Des plaisans dis'nt, pour la blâmer,
Que c't'hiver si trop fort il gèle,
L'bon Dieu pourra bien s'enrhumer !
    Faut en vouloir etc.

Ah ! qu'nos guerriers y sont à l'aise ;
Dans chaq' tente d' *dix pieds* d' largeur !..
On les voit, de *douz'* jusqu'à *seize*,
R'poser, côte à côte, leur valeur.
    Faut en vouloir, etc.

Queu bonheur quand vient un orage,
Pour la propreté d'nos troupiers !
D'leur tente ils peuv'nt, comme d'un rivage,
Jusqu'aux genoux prendre un bain d'pieds !
    Faut en vouloir, etc.

---

[1] Allusion à l'autel, en plein vent, qu'on avait élevé sur le plateau d'Helfaut.

[2] Mesure arbitraire adoptée par certains chefs de corps, *qui devait* servir à acheter du vin et de l'eau-de-vie aux soldats, les jours de grandes manœuvres.

Afin qu'nos soldats boiv'nt la goutte,
D'leur *paye un sou reste en dépôt!* [1]
C'est pour ça qu' chacun d'eux, sans doute
Se grise, en buvant... du coco.
    Faut, etc.

Les cuisines peuvent, j'espère,
Contenter tes goûts délicats,
C'est quasi comme au ministère;
Si c'n'est qu'on n'y voit pas tant d'plats.
    Faut en vouloir, etc.

Malgré qu'un envieux qui radote,
N'voyant, pas d'enn'mis en avant.
Dise : « Est-ce qu'ils veul'nt, comm' Don-Quichotte,
« Se battr' contre un moulin à vent? [2]
    Faut en vouloir; etc.

Que d'objets rar's le camp rassemble!
Pêl'-mêle il offre à nos regards,
Grott', jet d'eau, colonn's, puis ensemble
Des fleurs! *un buste* et des canards!
    Faut en vouloir, etc.

Avoir dans l'camp semé du sable,
Me paraît fort ingénieux!
Oui, c'est un moyen immanquable,

[1] *Voir la note 2 page 98, ci-contre.*

[2] Allusion au moulin d'Helfaut.

Pour jeter de la poudre aux yeux !
Faut en vouloir au camp d'Helfaut,
Pour ne pas l'trouver comme il faut !

LA CHARTE MAGICIENNE.
CONTE.
1829.

Air du vaudeville des Visitandines.

Adroite en tours de gibecière,
Baguette en main, lanterne au dos.
La Charte, attrayante sorcière,
Criait, près du Louvre, aux badauds :
« Par mon talent et ma rubrique,
» Oui, jusqu'à vos derniers neveux,
» Français ! je comblerai vos vœux ;
» Voyez la lanterne magique ! »

Des curieux la foule arrive,
De clarté le verre a brillé,
Et du bonheur, en perspective,
Chacun sourit émerveillé ;
Partout la justice en pratique ;
Pour tous égalité de droits ;
Plus d'arbitraire, mais des lois !
Voyez la lanterne magique !

La presse a rompu ses entraves
Et l'état, d'un maigre lopin
Jaloux de sustenter ses braves,
Leur prodigue.... un morceau de pain ;
Bravant la vindicte publique,
Chaque ministre, en vérité,
Veut la responsabilité !...
Voyez la lanterne magique !

Jugeant d'après sa conscience,
Le jury, sourd à la faveur,
L'oreille ouverte à l'indulgence,
Punit le crime, absout l'erreur ;
Plus de bûchers pour l'hérétique ;
Selon son culte, chacun prend
Ou l'Evangile ou l'Alcoran !..
Voyez la lanterne magique !

« Sotte ivresse, ignoble canaille
S'écrie en fureur un ultrà,
» Nous éteindrons ce feu de paille,
» Et l'obscurité reviendra ;
» Vive le dénouement tragique !
» Par nos gendarmes houspillés,
» Ah ! que de vilains mitraillés !....
» Voyez la lanterne magique ! »

Tout à coup, hélas ! s'épand l'ombre,
Et le peuple, frappé d'effroi,

A vu descendre un voile sombre,
Sur l'œuvre infidèle d'un roi ;
Quoique court, l'instant fut critique ;
Mais, doux espoir ! à tous les yeux
Le jour renaît plus radieux,
Voyez la lanterne magique !

« Oui, contre une rage inutile,
» Mon art, sûr de vous prémunir,
» De jours heureux ; dit la Sybille,
» Français ! doit semer l'avenir !
— Tais-toi, radoteuse empirique,
D'Escobar, crie un pénaillon ;
A la Charte il met un baillon ;
Adieu la lanterne magique !

REGARDEZ ! MAIS N'Y TOUCHEZ PAS.

1830.

[Air de Ninon chez Madame de Sévigné.

Armand ! si j'en crois vos paroles,
Le ciel m'accorda mille attraits ?
— Oui pour briller aux premiers rôles,
Au monde il vous mit tout exprès ;
— Sans me targuer de l'importance

Qu'amour prête à de vains appas ;
Monsieur ! pas tant de pétulance !
Regardez ! mais n'y touchez pas !

— Des talens l'aimable culture
Sait ajouter à vos attraits !
— Connaissez vous cette peinture ?
Quelle grâce ! ah ! ce sont vos traits !
« A mes baisers livrez, Sophie,
« Ces traits qu'on adore ici bas ;
— De vos transports je me méfie ;
Regardez ! mais n'y touchez pas !

— De l'amour le feu me consume ;
— Plus tard, monsieur, nous verrons bien ;
— Avant peu notre hymen s'allume.....
— Et jusques-là n'espérez rien !
— Pour admirer votre corsage....
— Bien en vain vous suivez mes pas !
Ah ! jusqu'au jour du mariage,
Regardez ! mais n'y touchez pas !

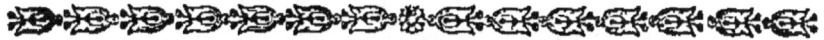

MA FEMME.

1848.

Air de la croisée.

Blâmant l'exemple des maris,
Qui, pour éveiller le scandale,

Font confidence à tout Paris,
De leur discorde conjugale ;
Loin de vouloir calomnier
L'objet de ma plus tendre flamme,
Pour qu'on puisse l'apprécier,
Je vais chanter ma femme !

A dix-huit ans quand je la pris,
Que je trouvai d'attraits en elle !
Et sur l'honneur, je garantis
Qu'à cet âge elle était pucelle ;
Le jour qui me donna sa foi,
Contre l'échange de la mienne,
Ce fut par amitié pour moi,
Qu'un autre en eut l'étrenne ! [1]

Pour me témoigner son amour,
En mainte et mainte circonstance,
Souvent elle sut, tour-à-tour,
Unir l'adresse à la prudence ;
Ah ! qu'un adversaire, en courroux,
Sur moi décharge sa furie,
De suite elle pare les coups
Qui menacent ma vie !

---

[1] Le jour où Napoléon le nomma officier, l'auteur eut un duel, qui valut un coup d'épée à son adversaire.

Plus d'une bonne qualité
Se fait remarquer chez la dame ;
Cependant sa légèreté
A pu lui mériter le blâme ;
D'un caractère et vif et prompt,
Parfois elle est inconséquente ;
Et pour se venger d'un affront,
Toujours elle est piquante !

Modèle de fidélité,
Me préférant à toute chose,
Le jour elle est à mon côté ;
Et la nuit près de moi repose ;
Fort jalouse de mon honneur,
Sur cet article je n'ai crainte ;
La connaissant trop bien d'humeur
A n'y souffrir d'atteinte !

Courageuse comme un César,
Elle a fait plus d'une campagne ;
Des combats courant le hasard,
Ce fut ma fidèle compagne !
Quand la bravoure des Français
N'avait pas lassé la victoire ;
S'associant à leurs succès,
Elle eut part à leur gloire !

De ma moitié, sans préjugés,

Puisqu'ici je vous peins l'image,
Admirant ses vertus, jugez
Du bonheur de notre ménage!
A ce portrait qui ne dira,
De surprise l'âme frappée :
« Quelle est donc la femme qu'il a ? »
— Messieurs! c'est... mon épée!

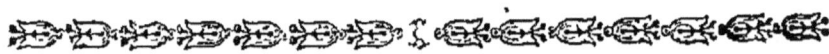

MONSIEUR SANS-GÊNE.

1819.

AIR : Tout le long de la rivière.

Tout à l'inverse de ces gens,
Fort empressés, fort diligens,
Qui, nonobstant qu'on les attende
Au rendez-vous qui les demande,
Arrivent deux heures trop tôt ;
Pour moi, je ne suis pas si sot :
Quelle que soit l'affaire qui m'entraîne,
Moi, quand on m'attend, jamais je ne me gêne ;
Non, non, jamais je ne me gêne !

Pour me saisir, lorsqu'un huissier,
Digne suppôt de créancier,
Vient, par le trou de la serrure,
Signifiant son écriture,

M'avertir d'un ton compétent,
Que pour m'écrouer il attend ;
A double tour je ferme alors le pêne....
　Moi, quand on, etc.

Vous souvient-il de ce normand,
Vers la potence cheminant,
Qui dit, voyant la populace
A flots pressés suivre sa trace :
« Pour Dieu ! ne vous pressez pas tant,
« Vous savez bien que l'on m'attend ;
« Ainsi pourquoi courir à perdre haleine ?
　Moi, quand on, etc.

Avant que le destin fatal
N'eût tranché mon nœud conjugal,
Au lit, ma femme, dans l'attente,
Le soir députait la servante,
Qui me venait, comme un furet,
Relancer jusqu'au cabaret ;
Je lui chantais, si ma coupe était pleine :
　« Moi, quand on, etc.

Ah ! quand, de son tardif éclat,
Frappant l'écho de Josaphat,
Aux morts la trompette divine
Dira : d'une voix argentine :
　« Allons, paresseux ! levez-vous !

« On vous attend au rendez-vous ! »
Je répondrai, me dérangeant à peine :
« Moi, quand on m'attend, jamais je ne me gêne;
« Non, non, jamais je ne me gêne !

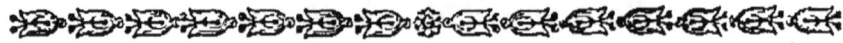

LA CANTINIÈRE A SA FILLE.

1825.

Air du Bedeau (de Béranger)

« Te voilà bientôt à quinze ans ;
« Des plaisirs, ma fille, c'est l'âge !
« Et de tes appas séduisans
« Tu connaîtras bientôt l'usage ;
« Ah ! des beaux jours de ton printems,
« Pour mettre à profit les instans,
« Verse le rogomme, à ton tour !
  « Et qu'à chaque verre,
  « Ton air peu sévère,
« Du colonel jusqu'au tambour,
Sache émoustiller la soif et l'amour !

De tous attisant le désir,
  « Que le nectar que ta main verse,
  « Les enivrant d'un doux plaisir,
  « Fasse prospérer ton commerce ;

« Sois complaisante ! mais surtout
« Que l'intérêt passe avant tout !
   « Verse, etc.

« Je vois certain musicien
« Te faire les doux yeux, ma fille !
« Va, le talent n'est bon à rien,
« En ce siècle où seul l'argent brille ;
« Quoique vieux, grognard et mal fait,
« Le gros major est mieux ton fait !
   « Verse, etc.

« En tes yeux vifs et pétillans
« D'espoir, de désirs, de tendresse,
« J'entrevois les songes rians,
« Qu'en ta couche l'amour t'adresse ;
« Aux rêves de la volupté
« Préférant la réalité ;
   « Verse, etc.

« Imite en tout le papillon ;
« Des fleurs il suce le calice ;
« De l'amour le doux aiguillon
« Pique bien mieux par le caprice !
« Chaque jour si tu veux choisir,
« Ne sois constante qu'au plaisir !
   « Verse, etc.

« En garnison, qu'un Mirliflor,

« Pris à ta friponne de mine,
« Cherche, en te promettant de l'or,
« A s'enivrer à ta cantine ;
« Soutire-lui de quoi payer
« Le gratis d'un beau grenadier !
   « Verse etc.

« Après avoir blasé tes goûts,
« Dans les passions du jeune âge ;
« A quarante ans prends un époux ;
« C'est un parachute en ménage.
« En faisant sonner ton magot,
« Tu trouveras quelque nigaud....
« Verse le rogomme, à ton tour !
      « Et qu'à chaque verre,
      « Ton air peu sévère,
« Du colonel jusqu'au tambour
« Sache émoustiller la soif et l'amour !

J'EN VAUX BIEN UN AUTRE.

1828.

AIR de Marianne.

De par le monde l'on répète
Que les anciens nous font la loi ;

A chaque instant on les regrette.
Dieu seul, peut-être, sait pourquoi!
    A cette injure,
    Oui, je le jure,
Je sens mon cœur prêt à se courroucer!
    Surtout, sans rire,
    Quand j'entends dire :
« Qu'on ne pourra jamais les remplacer. »
Lors, je m'écrie, en bon apôtre;
Avec eux jaloux de lutter :
« Pour rire, aimer, boire et chanter,
    « Ah! j'en vaux bien un autre ! »

Ai-je offert un bras parricide
Contre la France à l'étranger?
Ai-je, nouvel Epiménide,
Dormi trente ans loin du danger?
    Quand la patrie,
    L'âme flétrie,
En gémissant vit des rois l'envahir,
    A l'or perfide.
    Ma main avide
S'est-elle ouverte, afin de la trahir?...
Non! ce crime ne fut le nôtre!
Pour le pays mon sang coula...
Qu'il m'appelle encor! me voilà!...
    Ah! j'en vaux bien un autre!

Si tu revoyais la lumière !
« Hélas ! en t'offrant devant eux,
» Trop inimitable Molière !
» Oui, tu dirais à tes neveux :
   » Sur cette scène,
   « Mon vrai domaine,
» Quoi ! vous souffrez un genre abâtardi ?
   » Chassant Thalie
   » Et la folie,
» Le drame en pleurs est par vous applaudi !!
   » Français ! quelle erreur est la vôtre !
   » Avez-vous banni la gaîté ?
   » Par mon génie, en vérité,
   » Ah ! j'en vaux bien un autre !

Anglais ! qu'un seul jour de victoire,
Un hasard, a rendus si vains !
De Wellington quelle est la gloire,
Pour prétendre aux honneurs divins ?
   Sur ta pelouse,
   Tu sais, Toulouse !
Qu'*un contre quatre* un Français l'a battu !
   Sois véridique,
   Champ de Belgique,

---

[1] Personne n'ignore que sous les remparts de Toulouse, vingt-cinq mille Français, aux ordres de Soult, ont battu cent mille Anglais, Espagnols et Portugais, commandés par Wellington.

Qui, sans Grou... le voyais abattu ?
Des lauriers, qu'en la fange on vautre,
Terniraient ceux de Marengo !
Fridland ! réponds à Waterloo :
« Ah ! j'en vaux bien un autre. »

Amis ! trêve à la politique,
Le ministère est ombrageux !
Qu'à ce banquet chacun s'applique
A fêter un vin généreux !
  Bordeaux et Beaune,
  Coteaux du Rhône,
Versez l'oubli de nos malheurs passés !
  Mursault et Grave,
  Sortez de cave !
Et qu'à Bacchus nos vœux soient adressés !
A son culte, pour patenôtre,
En dernier le sacrifiant,
Que l'Aï dise, en pétillant :
« Ah ! j'en vaux bien un autre. »

LE DIABLE.
1846.

AIR : Prenons d'abord l'air bien méchant.

C'est en vain, pour faire un couplet,
Que parfois j'invoque ma muse ;

Car si le sujet lui déplait,
L'ingrate à rimer se refuse ;
Pestant alors avec raison,
Je suis d'une humeur effroyable !...
Et le sujet et la chanson,
Soudain je les *envoie au Diable !*

Oui, ce dernier mot, ce matin,
M'inspira la folle pensée
D'offrir, d'un pinceau peu certain,
Du *Diable* l'esquisse tracée ;
Suivant un dicton déjà vieux,
Le *Diable* est, je crois, sociable ;
Oui, d'un homme aimable et joyeux,
Ne dit-on pas : « *C'est un bon Diable !* »

Malgré ce n'imaginez pas
Sa figure fort joviale ;
Et si vous trouvez, sur vos pas,
Un bourru d'humeur inégale,
Colère, méchant, emporté,
D'un caractère détestable ;
Je vous conseille en vérité,
De fuir alors ce *mauvais Diable !*

Par *pauvre Diable* l'on entend
Un malheureux, un misérable ;

Un *Diable d'homme*, à chaque instant,
Sait vous *faire donner au Diable;*
On est diablement bas percé,
Quand, par un sort impitoyable,
Sans argent on se voit forcé
Par la queue à tirer le Diable;

Du *Diable* esquissant quelque trait,
Je veux que le *Diable m'emporte,*
Si l'original du portrait,
Lui ressemble d'aucune sorte ;
Ah! comment, sans le fréquenter,
Chose assurément très croyable,
Le peut-on bien représenter ?
C'est là le *difficile en Diable !*

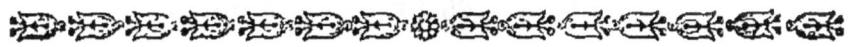

ÉLOGE DE LA FOLIE.

A MA MAITRESSE.

1821.

Air :

Jeune et jolie,
A la folie
Consacre la fleur de tes ans!
Bien que tardive,

Vieillesse arrive
Hélas! avec regrets cuisans!

Si de la rose
Nouvelle éclose,
L'éclat ne brille qu'au matin,
Digne d'envie,
Sa courte vie
Eclipse le plus long destin!

Sur cette terre,
Sagesse austère!
Où sont donc tes adorateurs?
Momus, en verve,
Poursuit Minerve
Du son de ses grelots flatteurs!

Gaîté falote,
Folle marotte,
Amour, plaisir, espoir riant!
Tant douce ivresse,
Flatte sans cesse,
Nos cœurs de ton prisme brillant!

Sans ta présence,
Qu'est l'existence,
De la folie, ô dieu charmant!
Peine éphémère,

Douleur amère,
Tout cède à ton enchantement!

L'Aï pétille,
L'esprit babille,
La gaîté sème les bons mots;
A cette table,
Maîtresse aimable!
Nargue des soucis et des maux!

LE BON FRANÇAIS.

1826.

Air : C'est le meilleur homme du monde.

A l'instar de nos gouvernans,
L'amour de mon pays m'enflamme,
Combien leurs efforts surprenans
Pour son bonheur touchent mon ame!
J'applaudis à tous leurs succès,
De leurs exploits je tiens registre!
J'en fais gloire, je suis français!
Je suis français!.... comme un ministre!

Honneur au somptueux palais,
Où se carre en paix la finance!

Pourquoi siffler, dans maints couplets,
Le luxe de son excellence?..
A Villèle intenter procès
Pour si peu ! c'est le fait d'un cuistre !
J'en fais gloire ! je suis français !
Je suis français !... comme un ministre !

Moi, je souris au *trois pour cent !*
Moi, je révère les jésuites ;
Vrai phénix, qu'on voit renaissant
De cendres, disait-on détruites !.....
Bien que de leurs premiers essais,
On craigne un avenir sinistre
J'en fais gloire ! je suis français !
Je suis français !... comme un ministre !

Honte aux ignobles détracteurs
De notre admirable police ! !
Oui, ces histoires de voleurs,
Ne sont qu'invention factice !
Quoiqu'on vide quelques goussets,
J'approuve comme elle administre !...
J'en fais gloire ! je suis français !
Je suis français !... comme un ministre !

Mais aviez-vous donc tant sujet,
Pour quelques légères souffrances,
Partout, Magalon et Chauvet,

De publier vos doléances ?
Du pouvoir blâmer les excès !
Jamais je ne les enregistre ;
J'en fais gloire ! je suis français !
Je suis français !... comme un ministre !

RONDE ÉPICURIENNE.

1825.

AIR :

Francs amis de la gaîté,
De nos cœurs chassons l'envie !
Charmons le cours de la vie,
Par le vin ! par la beauté !
Combien la gent humaine est sotte,
D'encenser l'or et ses abus,
Le bonheur n'a pour attributs,
Qu'un verre, un lit, une marotte !
    Francs, etc.

Ambition ! je te méprise ;
Porte ailleurs tes soins superflus !
Ce n'est que pour boire le plus,
Qu'à table, tu sembles permise !
    Francs, etc.

Au combat, si d'un coup perfide,
Bellonne abat plus d'un grand cœur,
Vénus couronne son vainqueur....
Et parfois c'est le plus timide !
 Francs, etc.

Convoiteux, que ronge l'envie,
Suis mes goûts ! aime à partager ;
J'invite ma belle à manger,
Mon verre à trinquer la convie....
 Francs, etc.

L'amour me couche sur des roses ;
De pampre le front couronné,
Joyeux je dors environné
De fleurs toujours fraîches écloses ;
 Francs, etc.

Notre belle est-elle volage ?
Ah ! pour la payer de retour,
Vite à Bacchus fesons la cour !...
Le vin sait venger d'un outrage !
 Francs, etc.

L'œil brillant, la face rougie,
De désirs le sein agité,
Que nous offre la volupté ?
Douce extase, attrayante orgie !
 Francs, etc.

En vain sur nos fronts s'agglomère
La neige de nombreux hivers !
Amis ! pour qu'ils soient toujours verts,
Ornons-les de myrthe et de lierre !
 Francs amis de la gaîté,
 De nos cœurs chassons l'envie !
 Charmons le cours de la vie
 Par le vin, par la beauté !

LES SERMENS.

1830.

AIR : Rions, chantons, aimons.

« Jusqu'à finale extinction
« De toute chaleur naturelle,
« Il faut à la *Convention*,
« Jurer de demeurer fidèle !
Convention !! ce mot d'abord
Me fit jurer, sans grande envie !....
De ces sermens *jusqu'à la mort*,
Que j'en ai prêté dans ma vie !!

La nation, la loi, le roi,
L'indivisible république,
A leur tour, avaient de ma foi,
Obtenu l'hommage civique !

Par tant de sermens, peu d'accord,
Ma bouche n'était assouvie!!
   De ces sermens, etc.

Quelque mois à peine écoulés;
Sous la bourasque plébéïenne.
Que de triumvirs écroulés!!
On chante alors une autre antienne,
Au consulat sans nul remord,
Je jure dès qu'il m'en convie!...
   De ces sermens etc.

Oh! pour le coup! c'est bien fini;
« En voilà pour long-tems, peut-être;
« Et qu'à jamais je sois honni,
« Si je jure à quelqu'autre maître!
Mais pour le vainqueur du Thabor
j'oubliai tout, l'âme ravie;
   De ces sermens, etc.

Qui n'eût juré pour l'*empereur*?
Cela nous coûta peu, sans doute;
Car de la gloire et de l'honneur,
Invincible, il ouvrait la route;
Grand homme! que trahit le sort!
Bientôt, hélas! ton char dévie!..
   De ces sermens, etc.

Peigné, poudré, rasé de frais,
Un *gros monsieur* vers nous s'avance,

Disant, que pour ses intérêts ;
Il accourt gouverner la France !
A cet appât le poisson mord ;
De nos vœux sa charte est suivie:..
   De ces sermens etc. ,

O revers ! *le petit Chapeau*
De la France enjambe les portes :
A l'aspect du vaillant drapeau,
Tremblent prince et nobles cohortes !
Tout fuit !.. on fête son abord ;
Rester fidèle à rien n'obvie !
   De ces sermens , etc.

En France, sans se parjurer ,
Sans rougir, sans faire la lippe,
Qu'on vit de *gros bonnets* jurer
A Louis, à Charle, à Philippe !
Au bonheur , au droit du plus fort,
Leur conscience est asservie !...
De ces sermens *jusqu'à la mort*,
Que j'en ai prêté dans ma vie !

MARGOT.
1830.

Air :

Ah ! Margot ,
Que je suis nigaud !

Quand je vois ta taille si fine,
Ton pied, ton œillade assassine,
Quand je les vois, et n'oser pas
Fourrager si fringans appas !
  Ah ! etc.

  Ah! Margot,
   Que je suis nigaud !
Dans ta chambrette, à la passade,
Je te surprends une embrassade,
Tu te pâmes !... et moi grand Dieu !
Je reste là, coi... comme un pieu !
  Ah ! etc.

  Ah ! Margot,
   Que je suis nigaud !
T'en souvient-il ? sur la feuillée,
Lorsqu'enfin ta rose effeuillée....
De peur de me piquer les doigts,
Je n'osai.... la seconde fois !
  Ah ! etc.

  Ah ! Margot,
   Que je suis nigaud !
Du vieux sacristain, toi, la fille,
Le curé te trouve gentille...

Pourquoi, sans pouvoir refuser,
M'engage-t-il à t'épouser?
Ah! etc.

Ah! Margot,
Que je suis nigaud!
Chaque jour, tu vas, c'est l'usage,
Arranger chez lui son ménage,
Pourquoi te fait-il, s'il vous plaît,
Tant prendre en main son chapelet?
Ah! etc.

Ah! Margot,
Que je suis nigaud!
Il me promet écus en poches,
S'il me nomme sonneur de cloches!...
Soit, pourvu qu'à ton cotillon,
Il ne sonne pas carillon.
Ah! etc.

Ah! Margot,
Que je suis nigaud!
En mars je fis ta connaissance;
En août notre enfant prit naissance,
Tu m'imposes, tout bien compté,
Trois mois de non-paternité!
Ah! etc.

Ah! Margot,
Que je suis nigaud!

C'est égal, tu seras ma femme,
Oui, pour le repos de mon ame,
Je t'épouse, bien convaincu
Que je suis et serai c...!
Ah! Margot,
Que je suis nigaud!

LES BATARDS.
1824.

Air de la Treille de sincérité.

Dans mes rimes
Illégitimes,
En dépit des sots, des cafards,
Je veux célébrer les bâtards!
« Halte-là! me dit un vieux drille :
» Tes efforts seraient impuissans ;
» Et pour si nombreuse famille,
». Tu n'aurais pas assez d'encens!
» Depuis Eve, au serpent si chère,
» Nos femmes, sans trop les prier,
» Gaîment imitent leur grand' mère!..
» Comment chanter le monde entier?
Dans mes rimes etc.

Par le Ciel, d'un heureux présage
Oui, chacun de vous fut doté!

Et l'amour, dans votre partage,
Mit le bonheur et la beauté!
Je t'atteste, brillant Vendôme,
Heureux en amours, en exploits!
Et toi, fier conquérant Guillaume!
Et toi, vaillant et beau Dunois!
  Dans mes rimes, etc.

Sages bâtards! de la morale
Toujours vous fûtes partisans!
Toujours de crime à grand scandale,
L'humanité vous vit exempts!
Qui de vous, effrayant la terre,
Exerça son bras assassin,
Comme Œdipe, à tuer son père...
Ou son frère, second Caïn?
  Dans mes rimes, etc.

Ah! l'orgueil à tort s'effarouche
De ce titre peu recherché!
Et maint noble est fier de sa souche,
Dont la bisaïeule a triché!...
Chez vous où la concorde brille,
Nul parent ne vient disputer;
A soi seul on est sa famille!
Pas de procès pour hériter!
  Dans mes rimes, etc.

Si d'un préjugé ridicule

Votre cœur était affecté,
Afin de bannir tout scrupule,
Contemplez la........
Remontez à son origine,
Et vous trouvez que..........
Bien que d'une essence divine,
Fut le bâtard du..........

   Dans mes rimes, etc.

Puisque la fortune volage
A ses dons vous fit tant de part,
Que de vérité dans l'adage
Qui dit : « Heureux comme un bâtard ! »
Quand je tourne, humble girouette,
Au souffle de l'adversité,
Oui, mon cœur maudit et rejette
Ma sotte légitimité !

   Dans mes rimes
    Illégitimes,
En dépit des sots, des cafards,
Je veux célébrer les bâtards !

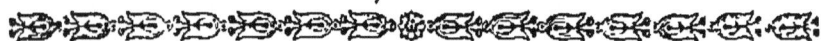

LE PUNCH.

A MM. LES OFFICIERS DU 2ᵉ DE CHASSEURS.

1827.

Air de Marianne.

Vivat!! le punch joyeux s'allume ;
Voyez-vous, symbole adoré,

Dans l'élément qui le consume,
De l'amitié le feu sacré?
  Etincelante,
  Vive et brillante,
Oui, sa chaleur embrâse notre sein!
  Oui, dans leur âme,
  Sa douce flamme
Brûle à la fois chasseur et fantassin!
 Ah! de deux régimens de frères,
 En offrant le tableau charmant,
 A l'envi rapprochons gaîment
 Et nos cœurs et nos verres!

On trinque, on boit et l'on s'embrasse;
Ah! puissiez-vous en faire autant,
Grands du jour! ministres en place!
Dont le cœur n'est jamais content;
  Sans allégresse,
  Honneurs, richesse,
De noirs soucis trop souvent le sujet,
  Allez au diable!
  A cette table
On chante, on rit, sans songer au budget!
 L'or engendre mille chimères,
 Heureux qui peut s'en détacher!
 En faut-il donc, pour rapprocher
 Et nos cœurs et nos verres!

  Du noble élan qui nous anime,

La France cueillera les fruits,
S'il faut d'un accord unanime,
Combattre encor ses ennemis!
  Cavalerie,
  Infanterie,
Rivalisant et de zèle et d'ardeur,
  Par leur courage
  Rendront hommage
Aux doux liens dont s'étreint leur bonheur!
Fière alors des palmes guerrières,
Qu'aux exploits Mars sait attacher,
L'amitié viendra rapprocher
Et nos cœurs et nos verres!

ROGATIONS D'UN SOLDAT.

1826.

Air : Faut d'la vertu.

Mon Dieu! faites qu'au régiment
S'exécute le réglement!
Oui, dans votre bonté, j'espère,
Pour que chacun garde son rang!
Quand le prince est, pour nous, un père;

Plus d'un chef, hélas! est tyran!
    Mon Dieu ! etc.

Semblable au fil de l'araignée,
Le réglement sert au pervers,
La faible mouche est empoignée...
Le gros bourdon passé au travers !
    Mon dieu! etc.

Eh! quoi, les statuts du monarque,
Bien que revêtus de ses sceaux,
Au dire de maint chef de marque,
Ne sont-ils faits que pour les sots?
    Mon Dieu ! etc.

Armés d'une langue assassine,
Pourquoi ceux qui, honteusement,
Vont au rapport sans carabine,
Obtiennent-ils l'avancement ?
    Mon Dieu ! etc.

Relançant les abus au gîte,
Pour surprendre et fraude et larcin,
Qu'un inspecteur *soudain* visite
Registres, caisse et magasin ! 1
    Mon dieu ! etc

---

1 Les inspections générales ne détruiront, s'il est possible, les abus, que quand MM. les généraux les passeront à l'improviste.

Couvert de nobles cicatrices,
Pour obtenir enfin la croix,
Qu'un brave après ses longs services,
Ne soit point frustré dans ses droits !
  Mon Dieu ! etc.

Au conseil, en pleine séance,
Qu'on puisse parler librement,
Et sans blesser sa conscience....
Sans blesser son avancement ! 1
  Mon Dieu ! etc.

Qu'un emploi, sans condescendance,
Soit au seul mérite adjugé !
Et *deux ans* ne reste en vacance,
Pour avancer un protégé ! 2
  Mon Dieu ! etc.

Toujours du vieux ! ciel ! quel supplice !
N'est-il plus de drap dans Elbeuf ?
Qu'au moins mes huit ans de service,

---

1 Que de braves officiers ont été victimes de leur franchise au conseil d'administration !

2 On a vu des emplois *au choix*, rester deux ans en viduité, pour donner le tems à un protégé d'acquérir les quatre années exigées par la loi, et cela au détriment d'officiers, du même corps, remplissant les conditions !

Me procurent un habit neuf ! [1]
>Mon Dieu ! etc.

Ah ! quand sous les drapeaux du prince,
Je ne serai plus retenu,
Puissé-je revoir ma province,
Mais n'y point revenir tout nu ! [2]
>Mon Dieu ! etc.

Oui, nous verrons grâces aux veilles,
Aux soins de tous nos intendans,
Se réaliser ces merveilles...
Quand... les poules auront des dents !
>Mon Dieu ! faites qu'au régiment
>S'exécute le réglement !

[1] Combien de soldats, pendant leurs huit ans de services, n'ont reçu, à l'exception du pantalon de drap, que des effets d'habillement déjà portés, à moitié usés, imprégnés de sueur et de miasmes dangereux ! Quelle triste économie que celle, qui n'a d'autre résultat que de dégoûter les jeunes soldats de l'état militaire, en compromettant leur santé.

[2] C'est trop souvent le tort du militaire libéré, auquel on retire, avant de le renvoyer dans ses foyers, ses meilleurs effets d'habillement, pour le couvrir en échange, de sales guenilles, hors de service, traînant dans la poussière des magasins.

L'état n'est-il donc assez riche, pour laisser à ses défenseurs, l'habit honorable qu'ils portent, alors même que sa durée de service ne serait pas expirée ?

L'ERMITAGE DE MON-REPOS.

1834.

A M. SAMAR..., JOYEUX ERMITE DE 75 ANS.

Air de Cendrillon.

Loin du monde et de l'orage,
Séjour de tranquillité,
Je connais un ermitage,
Par un vrai sage habité;
Sous l'humble toit qui l'abrite,
Il vit content et dispos!
Allons visiter l'ermite,
L'ermite de Mon-Repos!

En arrivant, la franchise
Vous reçoit à bras ouverts;
A l'ombre la table est mise
Sous épais feuillages verts;
Puis à défaut d'eau bénite,
Le bordeaux coule à longs flots..
Allons visiter l'ermite,
L'ermite de Mon-Repos!

Bravant les glaces de l'âge,

Son cœur, chaud comme à vingt ans,
Fait de la vie un voyage,
Qu'embellit le plus beau tems!
Loin de lui, race hypocrite!
Gens de cour et faux dévots!...
Allons visiter l'ermite,
L'ermite de Mon-Repos!

Jadis il montait en chaire ;
Qu'il devait être charmant,
Quand, aux belles sur de plaire,
Il poussait un argument!
Pour tout sermon il débite
Gais refrains, joyeux propos!
Allons visiter l'ermite,
L'ermite de Mon-Repos!

Mais que le nectar pétille,
En rougissant le cristal,
Son front se colore et brille
D'un incarnat jovial!
Au plaisir tout nous excite ;
Vins bien frais et mets bien chauds
Allons visiter l'ermite,
L'ermite de Mon-Repos!

Ah! puisqu'en cet ermitage,
Le bonheur nous tend la main ;
De ce doux pélerinage

Prenons souvent le chemin ;
De l'aimable cénobite
Ralliant les gais drapeaux,
Allons visiter l'ermite,
L'ermite de Mon-Repos !

COMME ON FAIT SON LIT, ON SE COUCHE !

1814.

Air : J'étais bon chasseur.

Certain ivrogne, l'autre soir,
En revenant de la buvette,
Sut fournir, en se laissant cheoir,
Le sujet de ma chansonnette ;
Pour cuver le jus du tonneau,
Tout en dormant comme une souche,
Mon homme a choisi le ruisseau..
Comme on fait son lit, on se couche !

Eh ! quoi, le financier Mondor,
Pour crime de faux, en affaire,
Malgré son crédit et son or,
S'est fait condamner aux galères ?
— Oui, pour vingt ans ! — Ah ! quel ennui !

» Son sort infiniment me touche !
— Ma foi ! mon cher, tant pis pour lui ;
Comme on fait son lit, on se couche !

Combien voyons-nous de maris,
Epousant fillette peu sage,
Pour sa dot, paraître surpris
Que Madame après soit volage !
Outragés par plus d'un affront,
Ils devraient, sans prendre la mouche,
S'écrier, se tâtant le front :
« Comme on fait son lit, on se couche !

Voyez ces grenadiers français
Dormir sur un champ de bataille ;
Au bivac, après le succès,
Souvent ils n'ont ni feu, ni paille ;
Mais qu'importe à ces vieux guerriers
Que la fatigue n'effarouche !
Ils reposent sur des lauriers....
Comme on fait son lit, on se couche !

Dans mon ménage de garçon,
Il m'arrive, pour l'ordinaire,
Le soir, rentrant à la maison,
D'avoir encor mon lit à faire ;
Mais si le sommeil l'emportant,
Me fait étendre sur ma couche,

Je ferme l'œil, en répétant :
« Comme on fait son lit, on se couche ! »

LE ROCHER.

1830.

AIR: A soixante ans.

Sur ce rocher que la brise amoureuse
D'un souffle pur se plaît à caresser,
De doux pensers, l'âme triste et rêveuse,
Au sein des nuits que j'aime à me bercer !
De vos accords invoquant l'assistance,
Vibrez, mon luth ! résonnez, sons touchans !...
Sur l'Océan règne un profond silence !
Allons, ma Muse ! encor de nouveaux chants !

A vous amis ! à vous ma bonne mère,
Je songe alors les yeux mouillés de pleurs !
Et l'Alcyon, en rasant l'onde amère,
D'un cri plaintif ajoute à mes douleurs !
Entre vos bras, rêvant votre présence,
Mon cœur se livre à ses plus doux penchans !
 Sur l'Océan, etc.

Seul, sur le roc, humant la fraîche haleine
Qu'épand Zéphir, se jouant sur l'écueil,

L'œil vers le Cap, je crois voir Sainte-Hélène...
Et notre gloire entourer un cercueil!..
Ah! l'exhumant, puisse-tu, noble France,
De cette cendre, enorgueillir tes champs!
 Sur l'Océan, etc.

Grand Dieu! quel bruit gronde et bondit sur l'onde?
L'espoir sourit à mon cœur attristé ;
N'entends-je pas crier d'un autre monde :
« Plus de tyrans! Vive la liberté! »
D'un peuple entier c'est le cri de vaillance ;
Brisant le joug qu'imposaient des méchans!..
 Sur l'Océan, etc.

Quelle auréole au lever de l'aurore,
Vient éblouir mes yeux et ma raison?
Quoi! de retour, ô flamme tricolore!
Quoi! tu surgis, brillante, à l'horizon!
Cinglez au port! cinglez beaux d'espérance,
De mon pays souvenirs attachans!..
 Sur l'Océan, etc.

Du sort, hélas! trop cruel badinage!
Quand, sous tes coups, Alger tombe étonné,
France, tu vois, foudroyé par l'orage,
Roi détrônant à son tour détrôné!!!
La liberté planter enfin sa lance
Sur les débris de sceptres trébuchans!
Sur l'Océan règne un profond silence,
Allons, ma muse, encor de nouveaux chants!

A JULIE.

1847.

Air : Pour obtenir celle qu'il aime.

O toi, dont les grâces touchantes
M'embrasent du plus tendre amour !
Dont les caresses attachantes
M'ont payé du plus doux retour ;
Libres de soucis et d'alarmes,
Sur mon cœur reposant tes charmes,
» De nos transports délicieux
» Rendons même jaloux les Dieux !

Ah ! cède à mon ardeur fougueuse !
Accorde tout à mes désirs ;
Que de notre extase amoureuse
Puissent naître nouveaux plaisirs !
Sur ton sein, maîtresse adorée !
En éternisant leur durée,
  » De nos transports, etc.

Rappelle-toi la nuit prospère,
Où tu vins, si furtivement,
Et trompant les yeux d'une mère,
Ouvrir ta chambre à ton amant!

Consumés d'amour, de tendresse,
Nous disions, palpitans d'ivresse :
» De nos transports, etc.

Durant cette nuit fortunée,
Sur mon cœur pouvant te presser,
A mes baisers abandonnée,
En vain tu veux me repousser ;
Bientôt ta pudeur expirante
Cède à ma flamme délirante !...
» De nos transports, etc.

Mais tes soupirs sont plus rapides !
Mon cœur sent le tien palpiter ;
De volupté tes yeux humides,
Au bonheur semblent m'inviter !
Du nectar des plaisirs, Julie!
Savourant jusques à la lie,
» De nos transports délicieux
» Rendons même jaloux les Dieux !

MES ARRÊTS.

A mon colonel qui m'avait ordonné 15 jours d'arrêts, avec injonction de ne recevoir personne.

1824.

Air de Lantara.

Que de grâces je dois vous rendre,
Mon colonel! pour vos arrêts!

Quoi ! quinze jours, je puis prétendre
Etre à l'abri des indiscrets !
Selon mes goûts, votre ordre peu sévère,
De mes ennuis dissipera le cours !
De tels arrêts sont loin de me déplaire,
Mon colonel ! ordonnez-m'en toujours !

Des créanciers que la cohorte
En vain assiège mon pallier ;
Votre ordre leur fermant la porte,
Les consigne sur l'escalier ;
Et de ma clef dont le son les attère,
A leurs efforts j'oppose les deux tours ;
 De tels arrêts, etc.

Qui frappe ? — C'est la blanchisseuse! »
Répond, avec émotion,
Une voix tendre et doucereuse ;
Pour elle est une exception !
Mais en ouvrant, Dieu ! quel destin prospère,
Offre à mes yeux Adèle et les amours !
 De tels arrêts, etc.

Ah ! qu'entends-je ! une voix plaintive !..
Du malheur c'est le triste accent
Qui vient, à ma pitié captive,
S'adresser d'un ton gémissant ;
Ma porte close, hélas ! le désespère...

Par la fenêtre offrons-lui des secours!
De tels arrêts sont loin de me déplaire,
Mon colonel, ordonnez m'en toujours!

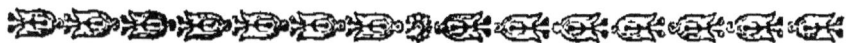

PLAINTE D'UN CÉLIBATAIRE,

Condamné à chanter les plaisirs du mariage.

CHANSON DE NOCE.

1831.

Air : Eh! le cœur à la danse.

L'hymen comble ici le bonheur
 D'un couple qu'il enchante;
Mais on veut et c'est trop d'honneur,
 On veut que je le chante;
  Moi, garçon! moi, par état,
  Amateur du célibat!
 La chose est incroyable;
Moi, chanter l'hymen! c'est morbleu!
 C'est condamner le Diable
  A prôner le bon Dieu!

Brûlans d'ardeur, jeunes époux,
 Oui, l'amour qui vous guette,
Vous promet de plaisirs bien doux,

Moisson neuve et complète !
Hélas ! semblable moisson,
N'est pas le lot d'un garçon !
La chose est incroyable, etc.

A chaque instant, la nuit, le jour,
De sa plus vive flamme,
Souriant à vos vœux, l'amour
Embrasera votre âme !
De moi seul les nuits, les jours
Seront maudits des amours !
La chose est, etc.

Si, pour troubler des jours sereins,
Survient léger nuage !
En se confiant ses chagrins,
La nuit on se soulage !
Ah ! pour soulager mon sein,
Moi, qui n'ai qu'un traversin...
La chose est, etc.

De vertus, de brillans attraits,
Madame, vrai modèle !
A son mari, que de regrets !
Sera toujours fidèle,
Moi, qui vis sur le commun,
Faudra donc rester à jeun ?
La chose est, etc.

Des feux du désir échauffés,
    Cueillez ses fleurs écloses;
Epoux heureux et nés coiffés,
    Couronnez vous de roses
    Moi, par mon bonnet de nuit,
    Je serai coiffé d'ennui.....
    La chose est incroyable;
Moi, chanter l'hymen! c'est morbleu!
    C'est condamner le Diable
    A prôner le bon Dieu!

L'ICONOCLASTE.

1833.

Air : Je loge au quatrième étage.

Que vois-je en cette galerie?
Quel vain amas de vils portraits!
En est-il un, dont la patrie,
    Sans rougir, avoûrait les traits?
De leur vivant, tous à la ronde,
    Du mal accrurent les progrès!
On leur doit le malheur du monde;
    Brisons ces odieux portraits!

Ici se heurtent vingt histoires;
Que de forfaits, en ces tableaux,

Groupent vos hideuses mémoires.
Tyrans anciens! tyrans nouveaux!
Despotisme, astuce, injustices,
Attentats, sang coulant à flots,
Sujets broyés sous vos caprices!..
Brûlons ces odieux tableaux!

Chefs-d'œuvre d'une main habile,
Charles-neuf, Dom Miguel, Néron,
Ah! vous portez, indélébile,
Du crime le stygmate au front!
Semblables au vol de la trombe,
Vous ne laissez qu'affreux regrets!
Sous vos coups le peuple succombe!
Brisons ces odieux portraits!

Te voilà, rusé Louis onze!
La Vierge brille à ton chapeau;
Pour enserrer ton cœur de bronze,
Le Plessis offre son château!
Diable, sujets, fils, conscience,
Te font trembler sous ces barreaux!...
Puis Tristan dresse la potence!!!...
Brûlons ces odieux tableaux!

Appui du trône qui chancelle,
Ministre, prêtre, vrai démon,
D'astuce ton œil étincelle,

Et sourit à Laubardemont!
Urbain-Grandier et la Rochelle,
O douleur! tombent dans tes rêts!
Bûcher s'allume et sang ruisselle.....
Brisons ces odieux portraits!

De tous les tyrans monarchiques,
Louis, surnommé le grand roi,
Chaud pourchasseur des hérétiques,
Que fait LeTellier près de toi?
Aux victimes des Dragonnades,
Vient-il ériger des tombeaux?
Il t'absout de tes escapades!..
Brûlons ces odieux tableaux!

Règne d'orgie et de licence,
Règne d'un prélat éhonté,
Règne du vice, la régence
Etale ici sa nudité!
De la débauche vrai repaire,
La cour ne put tenir secrets,
Vos sales amours, *fille et père!!*...
Brisons ces odieux portraits!

Porteurs de sceptres, de tiare,
On connaît vos sanglans arrêts!
Ah! dut-on m'appeler barbare,
Brisons ces odieux portraits!

Châtiment trop doux pour vos crimes !
Juges, Ministres, Cardinaux,
En holocauste à vos victimes,
Brûlons ces odieux tableaux !

LE VOLTIGEUR.

1826.

AIR du sapeur-pompier.

Du voltigeur qui ne connaît l'audace,
La promptitude à voler au péril ?
C'est un troupier qu'aucun troupier n'efface,
Ferme en amour, ferme aux coups de fusil !
    Car pour tirer avec vigueur,
    Beau sexe ! il n'est que l'voltigeur !

Cinq pieds au plus ; mais le jarret solide,
Des reins *soignés* ; propr's à plus d'un combat,
Font qu'à l'enn'mi, z'à fillette timide,
En les voyant aussitôt le cœur bat !
    Car pour, etc.

Le clairon sonne au gré de son attente,
Comme l'éclair il part étincelant !

L'œil en arrêt, le doigt sur la détente..
Il faut le voir, c'est là qu'il est brillant !
   Car pour, etc.

Le chaud, le froid, le tonnerr', rien ne l'touche,
Le vent, la plui', tout l'arsenal du ciel !
Il combattrait en brûlant la cartouche,
Des onz' mill' vierg's, jusqu'au père éternel !..
   Car pour, etc.

D'un bois touffu doit-il faire la fouille?
Adroit furet, il le visite à fond ;
Pas de cachett' que sa main ne farfouille!
Ah ! pour tout voir c'est à lui *le pompon !*
   Car pour, etc.

Assiège-t-il ancienne citadelle,
Contre laquell' maint arme s'émoussa ;
Sous ses efforts il réduit la rebelle !...
Mais que de poudre il faut brûler pour ça !
   Car pour, etc.

Rien ne l'arrête, et la haute tourelle,
L'étroit créneau, le large bastion,
Sans ralentir ni son feu, ni son zèle,
Bravent en vain, son heureux mousqueton !
   Car pour, etc.

Bref! avec lui, du moment qu'il l'ajuste,

Un adversair', mesdam's n'a pas beau jeu !
Placez un but !.. vous verrez que bien juste,
Il saura mettr' son coup droit au milieu !!
    Car pour tirer avec vigueur,
    Beau sexe ! il n'est que l'voltigeur !

LE SUISSE DU PARADIS.

1830.

<small>Air de la Sabotière.</small>

« Quel vacarme effroyable
» Font ces pêcheurs maudits !
» Allez-vous en au diable !
» Tout dort au paradis ! »
— Pan ! pan ! Saint-Pierre, ouvre-moi donc,
» De soif j'ai tant souffert en route ;
» Ouvre ! je te paîrai la goutte,
» Foi d'ivrogne ! au prochain bouchon !...
    — Quel vacarme, etc.

— Non, sans l'ordre exprès du patron,
Qui près de sa femme sommeille,
Quand tu devrais payer bouteille,
Je ne puis tirer le cordon !
    Quel vacarme, etc.

— Ouvre au croyant de Mahomet !
Si du vin il proscrit l'usage,
Un Turc a le ciel en partage,
Car l'Alcoran le lui promet.
 — Quel vacarme, etc.

Loin, loin d'ici, Mahométan !
S'écrie un guerrier scandinave,
» Le paradis est au plus brave,
» Sur son nuage Odin m'attend ;
 — Quel vacarme, etc.

— Du galon d'or de ton habit,
» Barjône, veux-tu te défaire ?
» Introduis un juif ! un confrère !
» Je t'en assure le débit ! »
 — Quel vacarme, etc.

— Moi, sans avoir vendu d'Agnus,
» Ah ! combien j'allumai de cierges !
» Où sont les onze mille vierges ?
» Je suis prêtresse de Vénus !
 — Quel vacarme, etc.

— Quoi ! toujours serai-je ajourné !
Du grand Lama s'écrie un prêtre ;
— *Tu sens* pourquoi cela doit être,
Dit Pierre, *en se bouchant le nez* :
 Quel vacarme, etc.

Place! place! tout aussitôt
S'arrête, en brillant équipage,
Un riche baron que son page
Annonce à grands coups du marteau!
 Quel vacarme, etc.

— Suisse! ouvre-moi! dit-il tout bas;
» A ton maître j'apporte l'offre
» D'emplir incontinent son coffre,
» Au moyen d'un emprunt, en bas!
 —Quel vacarme, etc.

Puis, à saint-Pierre tout surpris,
Il glisse la pièce en cachette;
Mais, de la foule qui les guette
Partent alors de nouveaux cris!
 — Quel vacarme, etc.

Préoccupé, notre baron,
L'esprit aux chances de la Bourse,
Se laisse escamoter sa bourse,
En entrant, par le bon Larron,
 — Quel vacarme, etc.

« Au voleur » il cria, dit-on;
Soudain l'archangélique escorte
S'éveilla, le mit à la porte,
Comme un homme de mauvais ton!
 Quel vacarme, etc.

Depuis lors, au céleste lieu,
Craignant le scandale et sa suite,
On n'entre plus, fut-on jésuite,
Sans un permis signé de Dieu !
 « Quel vacarme effroyable,
 » Font ces pécheurs maudits ?
 » Allez-vous en au diable !
 » Tout dort au paradis ! »

LE DÉLIRE DU CHANSONNIER.

1848.

A Désaugiers.

Air : C'était le plus joli corsage.

Du tems qui fuit à tire-d'ailes,
Charmant le trop rapide cours,
A Bacchus, au plaisir, aux belles,
Sacrifiras-tu donc toujours ?
Qu'espères-tu d'un tel délire ?
Te faire un renom éternel !
 — Anacréon pinçait la lyre,
 « Anacréon est immortel ! »

Souvent dans ta malice extrême,
De Momus joyeux nourrisson,

Sans égard pour le sexe même,
Tu lui dardes ton aiguillon ;
De la beauté qui put médire,
Non, jamais n'en fut estimé ?
 — Anacréon pinçait la lyre,
 « Anacréon en fut aimé ! »

Quelquefois ton humeur caustique,
Lasse de mordre sur un sot,
S'abandonnant à la critique,
Blesse tes amis d'un bon mot.
Pour l'amitié quand on soupire,
Un trait acéré n'est permis !
 — Anacréon pinçait la lyre !
 « Anacréon eut des amis !

Des grandeurs et de l'opulence
Prisant les attraits séducteurs,
On te vit, rempli de démence,
Les chanter dans tes vers flatteurs !
Des rois, toi qu'Apollon inspire,
Peux-tu convoiter le séjour ?
 — Anacréon pinçait la lyre,
 « Anacréon vint à la cour !

— De myrte, de pampres, de roses,
« Au doux murmure des ruisseaux
« De fleurs toujours fraîches écloses,
« Couronnant de joyeux pipeaux ;

« Puisse ta gaité longtems dire,
« Fredonnant des champs amoureux :
  « Anacréon pinçait la lyre !
  « Anacréon vécut heureux !

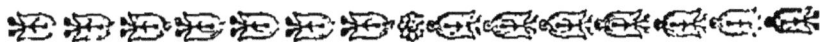

IL FAUT MOURIR.
1832.

Air : Ah ! mes amis, qu'est-ce donc que la vie ?

Que la folie à nos banquets préside,
Joyeux amis du vin et des amours !
Du tems, hélas ! le clepsydre limpide
Voit, goutte à goutte, écouler nos beaux jours !
Jouir est tout ! santé, plaisir, tendresse,
Beauté, jeune âge, ah ! si tout doit périr,
Succombons donc !.. mais succombons d'ivresse,
Puisqu'ici bas enfin il faut mourir !

La volupté, dit-on, use la vie ?
Ah ! savourons ce poison enchanteur ;
A ses attraits que notre âme asservie,
Ivre d'amour remonte au créateur !
Oui, sous l'excès d'enivrantes caresses,
Dussions-nous voir nos forces se tarir,
Mourons, amis ! au sein de nos maîtresses...
Puisqu'ici bas enfin il faut mourir !

Que fait au sort une plainte futile ?

Ah! que plutôt, égayant ce festin,
Dans sa marotte offrant une arme utile,
Momus l'oppose à l'ire du destin !
En proie, à table, au plus joyeux délire,
Par un trépas qu'on nous verra chérir,
Résignons nous tous à mourir..... de rire !
Puisqu'ici bas enfin il faut mourir !

Quand sous le poids d'une vie importune,
Plus d'un mortel se courbe avec effort,
Relevons nous ! et bravant la fortune,
Cygne expirant, oui chantons notre mort !
Le verre en main, je veux cesser de vivre !
In extremis, loin de me secourir,
Que sous la nappe on m'enterre mort-ivre !
Puisqu'ici-bas enfin il faut mourir !

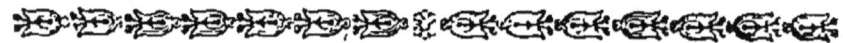

SOPHIE.

1830.

AIR : J'étais bon chasseur.

Oui, je voulais pour m'enflammer,
Je voulais trouver une belle,
Qui sut aimer, plaire et charmer...
Des grâces enfin le modèle !
Non, ce n'est jamais vainement,
Amour ! qu'en toi l'on se confie !

Esprit, beauté, doux enjoûment,
Je trouve tout chez ma Sophie!

Son front au plus blanc des satins,
Unit la rose purpurine;
Brillent, sous ses cheveux châtains,
Yeux bleus charmans, bouche divine!
De surpasser tant d'agrément,
Oui, Vénus, oui, je te défie!
Esprit, beauté, doux enjoûment,
Je trouve tout chez ma Sophie!

Mais oui, je l'ai lu dans ses yeux;
Oui, son cœur accueille ma flamme!
Sous l'excès du bonheur, grands dieux!
Ah! je sens s'exhaler mon âme!
Aux sermens du plus tendre amant,
Tu veux, amour, qu'elle se fie!
Esprit, beauté, doux enjoûment,
Je trouve tout chez ma Sophie!

DÉSESPOIR D'UN OFFICIER

A SON DÉPART DE LA GARNISON DE M.......

1827.

AIR : Toi qui connaîs les houzards de la Garde

Quel bruit sinistre, affreux, épouvantable,
Vient, ô M......., en tes murs retentir?

Il est donc vrai! le sort impitoyable
De tes remparts nous obligé à partir !
Adieu pavillon, aux amours si propice !
Nocturne témoin de nos chastes ébats ;
Adieu dur grabat, où beauté peu novice,
. . . .
Quel bruit, etc.

Ah ! qui nous rendra, par faveur singulière,
La prolixité, le charme si piquant
De *Caquet Bon-Bec*, de cette chapelière,
Dont chaque parole enfantait un cancan ?
Quel bruit, etc.

Théâtre si gai, modèle d'élégance,
Toi, qui d'Othello répétais les hocquets,
Oui, mon nez long-tems gardera souvenance
De l'infecte odeur qu'exhalaient tes quinquets !
Quel bruit, etc.

Et vous, de Comus friandes succursales !
Pour d'autres gardez vos ragoûts désormais,
Vos cuillers d'étain et vos assiettes sales !
Mon cœur se soulève, en songeant à vos mets!
Quel bruit, etc.

Toi, qu'après dîner, nous avions pour ressource,

Reçois, ô café! pour l'acquit de mes frais,
Le dernier écu que renferme ma bourse,
Mes derniers adieux et mes derniers regrets!
   Quel bruit, etc.

Ducasse enjouée, où brillait la folie,
Champêtres plaisirs! que vous aviez d'appas!
Chacun y bâillait comme à l'académie!
Chacun s'y heurtait à se rompre les bras!
   Quel bruit, etc.

Comment oublier, M........! de tes fêtes,
Et la triste morgue et la froide gaîté,
Et tes vieux tendrons, avides de conquêtes,
Et le bal d'hiver et Tivoli d'été?
   Quel bruit, etc

Vous tous, chers amis, que ce départ désole,
Vous, qui de M....... aurez long souvenir,
Qu'au moins quelque chose, en ce jour, vous console
C'est d'être certains... de n'y plus revenir!
   Quel bruit sinistre, affreux, épouvantable,
   Vient, ô M... ... en tes murs retentir!
   Il est donc vrai! le sort impitoyable
   De tes remparts nous oblige à partir!

ÇA FAIT DU BIEN PAR OU ÇA PASSE.

1830.

Air : Rions, chantons, aimons.

« Chantez donc, joyeux boute-en-train,
Me répète chaque convive !
— Messieurs ! où trouver un refrain,
« Que l'esprit égaie et ravive ?
« A vous obéir, cependant,
« Je suis prêt ; remplissez ma tasse !
« Nous chanterons, en la vidant :
    Ça fait du bien par où ça passe !

De son hymen le premier soir,
Aux vœux d'un époux, jeune et tendre,
La mariée au désespoir,
Pleurait, refusait de se rendre ;
« Ma fille ! ah ! loin d'être un tourment !
Dit la mère qui la délace,
« Crois moi, j'en parle savamment,
    Ça fait du bien par où ça passe !

En proie aux traits d'un mal caché,
Un malade a la triste envie,
Dans un duel, qu'il a recherché,
De se faire arracher la vie ;

D'épée il reçoit un grand coup ;
L'abcès crève... ah ! je vous rends grâce,
Cria-t-il, guéri tout à coup ;
Ça fait du bien par où sa passe !

Les délices du genre humain,
Voyez le bon Titus à Rome,
De bienfaits semer son chemin ;
Que d'heureux il fait, le brave homme !
Du pauvre chaque jour l'appui,
Sa bonté jamais ne se lasse ;
Amour aux princes tels que lui ! !
Ça fait du bien par où ça passe !

On a grand tort, en vérité,
Quand la mort arrive et nous frappe,
De s'en prendre à la faculté,
Qui nous tue au nom d'Esculape !
Sous les coups d'un art assassin,
Lorsqu'un riche avare trépasse,
L'héritier dit, du médecin :
« Ça fait du bien par où ça passe !

Oublieux de sermens prêtés,
Un ministère déplorable,
D'arbitraire et d'iniquités,
Imposait le joug exécrable !
La France au cri qu'elle a jeté
Contre une trahison si basse,

Vit accourir la liberté !..
Ça fait du bien par où ça passe !

AMOUR ET DISCRÉTION.
1830.

AIR de M. Guillaume.

En fuite mettant la raison,
L'amour sans pitié me lutine,
Plus je vous vois, d'un doux poison
Plus vous m'énivrez, Napoline !
D'appas si séduisans, si frais,
Qui ne reconnaîtrait l'empire?
Je vous regarde et je me tais !..
Ah! doit-on aimer sans le dire?

A vos pieds pour papillonner,
Brillans de santé, de jeunesse,
On voit vingt amans rayonner
D'espoir, de désirs et d'ivresse !
Combien mes feux sont plus discrets !
Mon cœur ne les dit qu'à ma lyre ;
   Je vous regarde, etc.

Jeune vous êtes! et trente ans
Plus un lustre, forment mon âge ;
Vous avez l'éclat du printems,
De l'hiver mon front craint l'outrage ;

Chez vous l'amour puise ses traits ;
Hélas ! chez moi rien ne l'attire...
 Je vous regarde, etc.

Lirez-vous peut-être en mes yeux.
L'ardeur que je m'impute à crime ?
A votre aspect vifs et joyeux,
De plaisir l'amour les anime ;
Content d'admirer tant d'attraits,
Qui causent, hélas ! mon martyre,
 Je vous regarde etc.

Dois-je avoir recours aux aveux ?
Dois-je attendre qu'on me devine ?
A mon âge encore amoureux !
Combien vous rirez, Napoline !
Mais cessons, dans de froids couplets,
De vouloir peindre le délire !
Je vous regarde et je me tais...
Ah ! doit-on aimer sans le dire ?

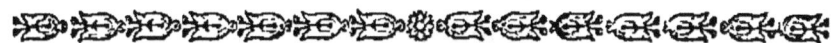

COUPLETS
SUR LE RETOUR DE MA CROIX.
1831.

Air de Turenne.

Viens à mon cœur, viens rendre un nouvel être,
Toi, digne prix de mon sang répandu !

Qu'un coup du sort avait fait disparaître,
Qu'un coup du sort aujourd'hui m'a rendu!
Noble ruban! puisqu'en ce jour de fête,
Mon sein reluit de ton éclat sacré,
  Ainsi que Job je m'écrirai :
  « La volonté de Dieu soit faite! »

Proscrite, hélas! après seize ans d'absence,
Je te retrouve enfin, ma vieille croix!
Toi, que des mains du héros de la France,
J'obtins jadis pour la première fois! 1
Ivre d'orgueil, mon âme satisfaite,
Rêvait alors un brillant avenir!...
  Le ciel depuis dut nous punir!
  La volonté de Dieu soit faite!

Si, trop souvent, la bassesse ou l'intrigue
Au sein d'un traître osa te profaner,
Si, trop souvent, récompensant la brigue,
Ruban chéri tu semblas te faner;

---

1 En 1815, le vieux grognard, pour une action d'éclat et deux blessures, avait reçu la décoration des mains de l'empereur;

Au retour des Bourbons, ayant postulé la confirmation de la croix que lui avait donnée Napoléon, on n'a pas rougi de lui répondre : « Si Bonaparte vous avait donné *la gale*, deman-
» deriez-vous à la voir confirmée ? »

Sur le guerrier ta couleur qui reflète,
Symbole écrit du sang qu'il a versé,
  Montre l'honneur récompensé !
  La volonté de Dieu soit faite !

Aux trois couleurs à jamais refleuries,
Viens allier ton âncienne splendeur ;
La liberté de ces trois sœurs chéries,
Ressuscita l'héroïque grandeur !
Du despotisme éclairant la défaite,
Jours de Juillet, brillez sur l'univers ;
  Les peuples briseront leurs fers !
  La volonté de Dieu soit faite !

Sous cette croix, ô ma belle patrie !
Quand tu cueillis les lauriers les p'us frais,
A son émail scintillait, aguerrie,
De ton héros la face aux nobles traits !
Ah ! des grandeurs si pour atteindre au faîte,
Vivant, ô France ! il guida ton essor,
  Son ombre te sourit encor !...
  La volonté de Dieu soit faite !

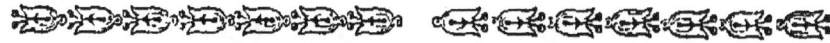

MA PHILOSOPHIE.

1827.

AIR du Carnaval (de Béranger).

Quand le destin, de sa main ennemie,
Loin d'accomplir renverse mes projets,

Contre ses coups, oui, mon ame affermie
Brave, en riant, ses bizarres arrêts ;
Sur moi le sort émousse en vain ses armes ;
Ah ! mon bonheur n'en est point affecté ;
Ma pauvreté n'en a que plus de charmes...
Je n'ai pas d'or, mais j'ai de la gaîté !

Vous, qu'à sa roue attache la fortune,
Et qui tournez, sans sonder le chemin,
Gardez-vous bien de lui porter rancune,
Si de son char vous culbutez demain !
Qu'alors l'espoir de son aile légère,
Vienne effleurer votre cœur attristé ;
Grâce au plaisir la peine est passagère...
Je n'ai pas d'or, mais j'ai de la gaîté !

Riches palais, qu'un vain luxe décore,
Qu'en vos lambris vous cachez de dégoûts !
Dans mon réduit le lever de l'aurore
Me voit heureux de mes modestes goûts !
Franche amitié ! sémillante grisette !
Groupe attrayant des amours escorté,
Vite guidez mes pas vers la guinguette.....
Je n'ai pas d'or, mais j'ai de la gaîté !

Ah ! lorsqu'au Nord, l'ambition d'un homme
Fesait couler tant de sang et de pleurs,
De doux rayons le soleil économe,

N'éclairait plus qu'à regret nos malheurs !
Heureux qui put endormir sa souffrance,
Du souvenir de sa prospérité !
Et fredonner, fils joyeux de la France,
Je n'ai pas d'or, mais j'ai de la gaîté !

Combien de fois, trop en butte à l'orage,
Mon frêle esquif manqua de chavirer !
Mais le plaisir, m'appelant du rivage !
Gaîment au port le fit toujours entrer ;
Que pour Plutus, affrontant les naufrages,
Un fou récolte un or trop acheté !
A Momus seul j'adresse mes hommages !
Je n'ai pas d'or, mais j'ai de la gaîté !

UN PEU D'AIDE FAIT GRAND BIEN.

1846.

Air : Eh ! ma mère, est-ce qu' j' sais ça ?

Faut-il me creuser la tête
Pour déterrer un sujet,
Plein de malice et qui prête
Matière à joyeux couplet ;
J'ai recours à la bouteille,
Lassé de ne trouver rien ;

Et grâce au jus de la treille,
Un peu d'aide fait grand bien !

Appréciant cet adage,
Combien ne voyons-nous pas
De femmes en faire usage,
Pour rafraîchir leurs appas ?
Du carmin, de la céruse,
Employant l'heureux moyen,
Leur beauté jamais ne s'use...
Un peu d'aide fait grand bien !

Quand, auprès des inhumaines,
Pour désarmer leur rigueur,
Vous déroulez de vos peines
L'histoire à fendre le cœur ;
Abrégeant votre martyre,
Et tranchant le nœud gordien,
Déroulez... un cachemire !
Un peu d'aide fait grand bien.

Pour réussir à la scène,
Plus d'un auteur aujourd'hui
Dédaigne de Melpomène,
Et le secours et l'appui ;
Dans la clique de *la claque*,
Il trouve un meilleur soutien

Pour repousser toute attaque....
Un peu d'aide fait grand bien!

Cherchant un dernier remède
A ses maux, à sa douleur,
Certain malade, à son aide,
Fait appeler un docteur ;
Aussitôt, ne vous déplaise,
L'élève de Gallien
L'envoie *au père LaChaise*.. ..
Un peu d'aide fait grand bien!

Des plaisirs de l'hyménée
Un froid mari n'usant pas,
Sa femme, fort chagrinée,
Voyait pâtir ses appas ;
Pour alléger sa souffrance,
S'offre un voisin, chaud vaurien!
Honny soit qui mal y pense!
Un peu d'aide fait grand bien!

Par sa chanson trop légère,
Si l'auteur, en cet instant,
Peut ne pas trop vous déplaire,
Amis! il sera content ;
Que l'esprit, qui chez vous brille,
Prête ce qui manque au sien ;
A tout cadet de famille,
Un peu d'aide fait grand bien !

LE MERCURE FEMELLE.

1826.

Air : L'ombre s'évapore.

Etoffes nouvelles,
Bijoux, étincelles,
Riches bagatelles
Sont de mon ressort !
Petites maîtresses,
Coquettes traîtresses,
Je vends vos caresses
A plus d'un Mondor !

Fine et discrète,
En amourette,
Comme en toilette,
J'ai, selon les goûts,
Galans, breloques,
Tendrons, défroques,
Secrets colloques,
Et gais rendez-vous !

Haute et grande dame,
Qu'Adonis enflamme,
Parfois me réclame

Pour la soulager ;
Courtier de Cythère,
Par mon ministère,
L'amoureux mystère
Se voit protéger !

Tendre et coquette,
Mainte soubrette,
En ma chambrette
Monte se cacher ;
Douce rencontre !
D'or une montre
Que Crésus montre
La sait dénicher

Ah ! dans son ménage,
Qu'une épouse enrage,
Et fesant tapage,
Jette le haut cri !
D'un fin cachemire
Qui la force à rire,
Mon zèle soutire
Le prix au mari !

Près d'une mère,
A l'œil sévère
Mon air austère
Rarement déplaît ;

Puis, en cachette,
A la fillette
Que l'amour guette,
Je glisse un poulet!

De riche pelisse,
Dont elle a caprice,
L'adroite Clarisse
Convoite le don ;
Et mon bon office,
A ce sacrifice
Force l'avarice
De son Céladon !

Simple et naïve,
Agnès craintive,
D'une missive
Me charge en tremblant ;
Et la réponse
Du riche Alphonse,
Bientôt s'annonce
Par un jonc brillant.

De plaisir avides,
Vieilles invalides,
Ah! couvrez vos rides
Des fleurs du printems !
Bien que surannées,

Par mon art ornées,
Vos roses fanées,
N'auront que vingt ans !

Beauté vermeille,
Qu'Argus surveille,
A mon oreille
Contez vos ennuis !
Et mon adresse
Vous fait promesse
De jours d'ivresse...
De plus douces nuits !...

Risible contraste !
D'ornemens de faste,
Mainte ignoble caste
Par moi se para !
Falbalas d'altesses,
Festons de duchesses,
Couvrent les princesses...
Du grand Opéra !

MON ANGE GARDIEN.

1825.

Air de Calpigi.

Des payens un antique usage,
Pour les préserver du dommage,

Consacrait leurs champs, leurs maisons,
Aux dieux des villes, des moissons !
Adoptant leur philosophie,
Des évènemens de ma vie,
Pour moi, je veux en bon chrétien,
En charger mon ange gardien !

Raisonnant d'après ce dilemme,
Et n'attribuant à moi-même
Nulle responsabilité,
J'agis en toute liberté !
Soigneux de pallier mes vices,
Faire excuser tous mes caprices,
Sachant que mon ange a bon dos,
Je le charge de mes défauts !

Pour un sexe aimable et timide,
M'accuse-t-on d'être perfide,
Inconstant, volage et sans foi ?
— C'est mon ange et ce n'est pas moi !
Pour les vins, la chère excellente,
La liqueur fine et succulente,
Suis-je d'un appétit trop grand ?
— Ah ! combien mon ange est gourmand !

Aimant à jouer, boire et rire,
Si ma femme y trouve à redire,
Pour l'empêcher de trop crier,

Mon bras aime à la châtier ;
Mais, quand pour se venger, la dame
Me fait... ce que fait une femme !
Je me dis d'un ton convaincu :
— « Pour le coup, mon ange est c...!

De cette méthode commode,
Chez nos dames naîtrait la mode,
Si leur sagesse avait besoin
D'exiger d'un ange le soin ;
Mais nos belles, sans nulle crainte,
La placent si bien hors d'atteinte,
Que leur ange, inactif soutien,
A garder n'aurait jamais rien !

Mais voyez ce censeur austère,
Me lançant un regard sévère,
Vouloir que mon ange gardien
Ne soit, au plus, qu'un grand vaurien,
Sans prétendre excuser, au reste,
Ce membre de la cour céleste,
Tombant d'accord sur cet objet,
Je le crois fort mauvais sujet !

LE BON VIVANT.

1824.

Air du Vaudeville de Pinson, père de famille.

Avant tout la santé ;
Pour la voir embellie,
De deux grains de folie
Parfumons la gaité !
Crésus millionnaires !
Je ris de vos écus,
Car toujours je vécus
Sans or, sans chagrins, sans terres !
    Avant tout, etc.

Dédaignant, en vrai sage,
La fortune et ses lots,
Momus à ses grelots
Seul attache mon suffrage !
    Avant tout, etc.

Trop soucieux ministre !
Laisse-là ton budget ;
N'est-il pas le sujet
De ton air triste et sinistre ?
    Avant tout, etc.

Foin du docteur maussade,
Qui menace nos jours!
Bacchus et les amours
Rendent-ils jamais malade?
　　Avant tout, etc.

De vos grandeurs, monarques!
Fou qui serait jaloux?
Oui, vous régnez sur nous;
Mais sur vous régnent les Parques!
　　Avant tout, etc.

Que ferait la richesse
En mon joyeux tandis!
J'y suis en paradis,
Sur le sein de ma maîtresse!
　　Avant tout, etc.

Fou, dès l'adolescence,
Mon cœur, gros de désirs,
Par les plus doux plaisirs
Sut doubler mon existence,
　　Avant tout, etc,

Soulageons la détresse,
Secourons le malheur;
C'est orner d'une fleur
Le chemin de la vieillesse.
　　Avant tout, etc.

En vain crie Héraclite
Qu'ici bas tout va mal ;
Vienne le carnaval !
Nous brillerons à sa suite.
   Avant tout, etc.

Sans viser au Parnasse,
Courtisons les Neuf Sœurs ;
Moquons-nous des censeurs,
Et chantons avec Horace :
   Avant tout, la santé.
   Pour la voir embellie,
   De deux grains de folie
   Parfumons la gaîté !

A DE BÉRANGER.
LOIS DE SA CONDAMNATION,

Air de Lantara.

O toi, dont la muse touchante
A charmé la ville et la cour,
Toi, dont la lyre nous enchante,
On te veut flétrir en ce jour ;
Ah ! ne crains rien d'un jugement profane,
   Qui n'inspire que le dégoût ;
Et quand un arrêt te condamne,
   Apollon sourit et t'absout !

Orphée autrefois, sur sa lyre,
Sut charmer les hôtes des bois !
Ce fait, tu peux le reproduire ;
Apprête et ton luth et ta voix !
Mais c'est en vain ! l'infernale chicane
Insulte au génie, au bon goût ;
Et quand un arrêt te condamne,
Apollon sourit et t'absout !

Les Welches ! ils auront beau faire !
Ils ne pourront, aux cœurs français,
Empêcher ta lyre de plaire,
En éternîsant tes succès,
Nouveaux Midas ! de leurs oreilles d'âne
On voit passer un petit bout...
Et quand un arrêt te condamne,
Apollon sourit et t'absout !

UN BON VIEUX REFRAIN.
1833.

Air : Est-c' ma faute à moi, etc.

Mondains catholiques,
Qu'on voit de dévots
Chanter vieux cantiques,
Sur des airs nouveaux !

Fuyant leur méthode,
Moi, gai boute-en-train,
Je trouve de mode
Un bon vieux refrain!

Vaudeville ignare!
Tu t'es fourvoyé;
Dans ton tintamarre
Momus s'est noyé!
Préfère au solfège,
Joyeux tambourin,
Dont le son protège
Un bon vieux refrain!

« Quoi! l'on se chamaille!
« Laissez ce fleuret;
« Vidons la bataille
« Dans le cabaret!
« Buvons, camarades!
« La paix! plus de train!
« Joignons aux rasades,
« Un bon vieux refrain!

Perfide besogne!
Quand Charles baillait
Au peuple qui grogne,
Les lois de juillet :
Fallait à la France,

Pour ronger son frein,
Au lieu d'ordonnance,
Un bon refrain!

Grand Dieu! que d'écoles,
Vieux praticiens!
Tous vos protocoles
Roulent sur des riens :
Votre politique,
L'Escaut ou le Rhin,
Ah! qui les critique?..
Un bon vieux refrain!

Eh! comment se taire?
Nous gorgeons d'impôts
Et le ministère
Et tous ses suppôts;
Cela désenchante!
Mais *au Mazarin*
On paie... et l'on chante
Un bon vieux refrain!

L'Etranger menace;
Vengeons nos affronts
Sur sa folle audace!!!
Français! nous aurons,
Pour le battre à l'aise,

Le mener bon train,
Dans *la Marseillaise*,
Un bon vieux refrain!

A ma voix, Adèle!
Eh! quoi, tu souris!
Sois ou non, fidèle!
Mais bois, chante et ris!
Le vin et l'ivresse
Narguent le chagrin,
En avant, maîtresse,
Un bon vieux refrain!

LE RÉVEILLON.
CANTIQUE DE NOEL.
1829.

AIR :

Réveillez, réveillez, réveillez-vous!
Le jambon sort de la marmite,
Réveillez, réveillez, réveillez-vous!
Voilà qu'on sert le lard aux choux!
Après la messe accourez vite,
Avec l'appétit bien ouvert;
Que Morphée, en vain, s'en dépite!
Comus a dressé le couvert!
Réveillez, etc.

Ma grand'mère, amis! vous invite
A sabler le coup du milieu;
Dans son cœur, ce coup ressuscite
Le souvenir de certain jeu....
 Réveillez, etc.

Eh! quoi, l'Aï nous sollicite?
Fesons soudain jaillir ses flots;
Et de Momus qui nous excite,
Arrosons les joyeux grelots!
 Réveillez, etc.

Par l'eau de sa verge bénite,
Moïse a fait un trait divin;
Plus adroit que l'Israélite,
Mon pouce fait surgir du vin!
 Réveillez, etc.

Sur nous, des pavots qu'il agite,
Un Dieu veut essayer l'effet;
Qu'à Morphée on fasse faillite...
Mais ne manquons pas au buffet!
 Réveillez, etc.

Grands! que la gaîté déshérite,
Crésus! blâsés sur tous les mets,
A nos yeux l'or est sans mérite,
Puisque vous ne chantez jamais.
 Réveillez, etc.

Mais les plaisirs ont leur limite,
Comme les fruits ont leur saison ;
Pour dormir regagnons le gîte...
Le jour s'éveille à l'horison !
Réveillez, réveillez, réveillez-vous,
Le jambon sort de la marmite !
Réveillez, réveillez, réveillez-vous,
Voilà qu'on sert le lard aux choux !

UN AN DE PLUS.
1832.

Air :

Un an de plus vient peser sur ma tête ;
Déjà l'hiver m'apporte ses frissons ;
Comme l'oiseau, glacé par la tempête,
D'un soleil doux j'implore les rayons.
Amour ! amour ! dont le feu m'abandonne,
De tes faveurs à jamais suis-je exclus ?
Qu'importe alors à mon front qui grisonne,
  Un an de plus !

Qu'un an de plus, hélas ! cause de peine,
A la beauté qui commande au plaisir ;
Mais elle est jeune, elle est femme, elle est reine ;
De ses trésors qui se veut dessaisir ?

Quand un seul jour fit crouler un empire,
Anéantit tant d'ordres absolus,
A ses appas que de pouvoir retire
    Un an de plus !

Un an de plus m'a vu quitter la France ;
Que de regrets avec moi j'exilai !
Combien de fois, déplorant votre absence,
Vers vous, amis, mon cœur s'est envolé !
Dieu ! quel espoir ! Des rives étrangères,
Pour retourner à des climats connus,
Quel tems faut-il, hirondelles légères ?
    « Un an de plus ! »

Mais la gaîté, qui fleurit à tout âge,
Au coin du feu daigne me visiter ;
Elle me dit : « Tout vieillit, et le sage
» D'instans trop courts doit savoir profiter !
» Loin de gémir, quand l'hiver de la treille
« Glace et jaunit les pampres chevelus
» Bois le nectar que donne à ta bouteille
    » Un an de plus ! »

De ce conseil éprouvons la sagesse ;
L'hiver encore offrira des plaisirs.
Dans un vieux vin, philtre de la vieillesse,
Exempts d'excès, noyons tous nos désirs !

De jours heureux usant ainsi la trame,
Ajoutons-y, sans regrets superflus,
Jusqu'au moment où s'envole notre ame,
Un an de plus !

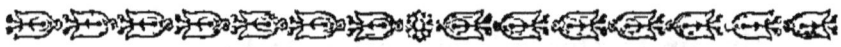

LE JEU N'EN VAUT PAS LA CHANDELLE.

1846.

Air : J'étais bon chasseur.

Pour avoir l'esprit d'un savant,
A quoi bon se casser la tête ?
En ce monde, hélas ! trop souvent
Le plus heureux est le plus bête !
A pâlir sur des manuscrits,
A quoi bon s'user la cervelle,
Comme maints poudreux érudits ?
Le jeu n'en vaut pas la chandelle !

Trop aveuglé par l'intérêt,
Dans son erreur que rien n'égale,
Ce fou veut trouver le secret
De la pierre philosophale !
Est-il heureux, quand au moyen
D'une expérience nouvelle,
Il parvient à.... manger son bien !..
Le jeu n'en vaut pas la chandelle !

Quel plaisir, en société,
Du logis lorsque la maîtresse
Au jeu de boston, d'écarté,
Vous invite avec politesse !
Qu'elle vous place, par bonheur,
Près de vieille simpiternelle,
Qu'on ne peut regarder sans peur !
Le jeu n'en vaut pas la chandelle !

Certain soir, rentrant un peu tard,
Je poursuivis femme élégante,
Qu'au pied léger, au doux regard,
Je crus beauté leste et fringante !
Mais sitôt que, dans son logis
Aux flambeaux se fit voir la belle,
Prenant la fuite, je lui dis :
« Le jeu n'en vaut pas la chandelle !

Galans ! jouant aux petits jeux,
Avec fille simple, ingénue,
Sans crainte, poussez les enjeux,
Votre audace n'est point perdue !
Mais quand femme de cinquante ans
Vous force à jouer avec elle,
C'est perdre d'utiles instans !
Le jeu n'en vaut pas la chandelle !

Le soir, griffonnant ces couplets,
Je veille en invoquant ma muse,

Pour qu'elle y sème quelques traits,
Dont la malice vous amuse ;
Mais, en aucun d'eux, ne luisant,
De l'esprit l'heureuse étincelle,
J'éteins ma lumière en disant :
« Le jeu n'en vaut pas la chandelle !

A NOTRE NOUVEAU COLONEL.

MARTINIQUE. 1830.

AIR : Du vieux Drapeau.

Amis, au chef qui nous arrive,
Témoignons un accueil flatteur ;
L'espoir, au front consolateur,
L'accompagne sur cette rive,
Sous son égide, l'équité
Sans pencher tiendra la balance ;
    Quand vers lui notre cœur s'élance ;
    Amis ! trinquons à sa santé ;

L'ouragan menaçait nos têtes ;
Nous végétions, privés d'appui ;
Mais vient Foucher, grâces à lui,
Bravons désormais les tempêtes ;
Tel, contre l'orage abrité,
L'ormeau rit de sa violence !
    Quand vers, etc.

Sur son rocher, telle Andromède
Vit paraître un libérateur !
Trois fois gloire au chef protecteur,
Qu'un bon vent amène à notre aide !
Du destin long-tems irrité,
Il doit conjurer l'influence ;
 Quand vers, etc.

Guerriers ! dont les anciens services,
Dont les droits furent méconnus ;
Pour être des *derniers venus*,
Vous qu'on accabla d'injustices ;
Sous ce chef, plein de loyauté, [1]
Non, plus d'indigne préférence,
 Quand vers, etc.

Mais qu'entends-je ? au loin l'airain tonne ;
La France pulvérise Alger !
Si jamais l'heure du danger
Sur ces rivages pour nous sonne ;
De ce chef l'intrépidité
Saura guider notre vaillance !...
 Quand vers, etc.

[1] Le vieux Grognard, qui d'habitude, n'est pas louangeur, se trouve heureux d'avoir pu consigner dans cette chanson, le tribut de reconnaissance que mérite le chef, qui a dignement rempli et à la satisfaction générale, tout ce que le régiment attendait de lui.

Ah! sourions au sort prospère;
Notre bonheur est affermi :
Chaque officier trouve un ami,
Chaque soldat rencontre un père !
D'un tel chef, oui l'aménité
Doit égaler la vigilance!
Quand vers lui notre cœur s'élance,
Amis! trinquons à sa santé!

REFRAIN PHILOSOPHIQUE.

1848.

AIR : Aux sons d'une fade musique.

Parfois possédé de l'envie
De briller parmi nos auteurs,
J'écris sur la philosophie,
L'histoire, la fable et les mœurs !
Mais las, enfin, à chaque ouvrage,
D'être sifflé... je suis contraint
A me rappeler cet adage :
« Qui trop embrasse mal étreint !

A dix beautés, en mon jeune âge,
A la fois offrant mon encens,
L'amour couronnait mon hommage
Des succès les plus séduisans !

A fêter plus d'une maîtresse
Qu'aujourd'hui je me voie astreint,
Je suis honteux de ma faiblesse!..
« Qui trop embrasse mal étreint ! »

Quoi ! pour décupler sa fortune,
Ce fournisseur vain et tranchant,
Dédaigne la route commune,
Que poursuit l'intègre marchand ;
Pour prix de sa folle conduite,
D'un revers il culbute, atteint,
Et ruiné, tombe en faillite...
Qui trop embrasse mal étreint !

Et ce conquérant qui naguère,
Elevait des trônes, des rois !
Dont la voix était un tonnerre,
Et le moindre désir des lois !
Que sa chute, que l'on contemple,
Le roc, sur lequel il s'éteint :
Aux potentats servent d'exemple !
« Qui trop embrasse mal étreint !

En s'enivrant, outre mesure,
De tous les vins, plus d'un buveur
Au bon-sens toujours fait injure,
Parfois compromet son honneur ;
Fuyant l'épithète d'ivrogne,

Par raison je me suis restreint
Au Bordeaux, Champagne et Bourgogne!..
Qui trop embrasse mal étreint!

De vains projets troubler sa vie,
Pour obtenir bonheur constant,
Ah! je soutiens que c'est folie;
Puisqu'au bout la mort nous attend!
Soumettant tout à son empire,
Chacun de ses traits nous atteint!
Oui, d'elle seule, on ne peut dire :
« Qui trop embrasse mal étreint! »

MON ANNIVERSAIRE.
1832.

Air de la Catacoua.

Trinquons à mon anniversaire,
J'ai quarante ans bien accomplis ;
Malgré les coups d'un sort contraire,
Gaîment mes jours furent remplis!
Contre les soucis et la peine,
Momus me fournit un rempart ;
  Ah! pour ma part,
  Jusqu'au départ
Dont nous menace la mort tôt ou tard;
Encor semblable quarantaine!
Et ma foi! le reste au hasard!

Au milieu des camps, des alarmes,
Si j'ai passé mes plus beaux jours,
A mon cœur, en offrant ses charmes,
La gloire escortait les amours !
Jamais, malgré Mars et sa chaîne,
Le plaisir ne fut en retard ;
    Ah ! pour ma part, etc.

Les trois couleurs s'étaient flétries,
Au souffle de l'adversité ;
Amis ! voyez-les refleuries,
Aux rayons de la liberté !
Pour le pays, de quelle aubaine
Resplendit ce noble étendard !
    Ah ! pour ma part, etc.

Osez, ennemis de la France,
Attaquer ses joyeux enfans !
La Liberté brandit sa lance ;
Cet appui les rend triomphans !
Pour tout peuple qu'on désenchaîne,
La victoire n'a pas d'écart !
    Ah ! pour ma part, etc.

Mais Bacchus nous rappèle à l'ordre ;
Que sa voix chasse tout souci ;
A sa grappe s'il nous fait mordre,
Que le plaisir y morde aussi !

Au signal d'un tel capitaine,
Toujours voulant avoir égard,
Ah! pour ma part,
Jusqu'au départ,
Dont nous menace la mort, tôt ou tard,
Encor semblable quarantaine!
Et ma foi! le reste au hasard!

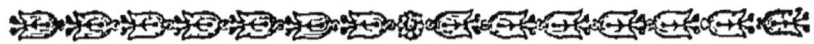

LE PIANO.

1827.

A MADAME LA COMTESSE C.... ET A SA DEMOISELLE.

AIR du Carnaval.

Du violon qu'on exalte les charmes;
L'archet brillant, les savans concerto!
Ah! désormais, je veux rendre les armes
Au ravissant et léger piano!
Clavier divin, tes touches vaporeuses
Transportent l'âme en un monde nouveau!
Donnez, amis, la main à vos danseuses;
Entendez-vous le son du piano?

Du piano l'aimable mélodie
Permet au cœur, en petit comité,
Moins d'étiquette et plus de bonhomie,
D'où s'électrise et jaillit la gaité!

Ah ! qu'aux élans de ces walses joyeuses,
Ma muse ici, joigne son chalumeau!...
    Donnez, amis, etc.

A ce signal, que de nymphes légères,
Folâtre essaim, rival du papillon,
Suivent au vol les traces passagères
Des doux plaisirs épars en ce salon ;
Illusion des plus délicieuses!
D'un bonheur pur ton prisme est le tableau.
    Donnez, amis, etc.

Quelle beauté, fraîche comme l'aurore,
Flattant l'oreille et les yeux à la fois,
Fait admirer, sur l'ivoire sonore,
L'agilité, le fini de ses doigts ?
Céleste accord, notes harmonieuses !
Votre douceur nous révèle Erato !
    Donnez, amis, etc.

Au tendre orgueil qu'elle inspire à sa mère,
On la connaît, elle est reine en ces lieux ;
Sylphide svelte, à la danse légère,
Pour nous charmer descendez-vous des cieux ?
Ah! de vos pas les grâces amoureuses
D'un autre Apelle invoquent le pinceau !
    Donnez, amis, etc.

Oui, que nos cœurs pleins d'amour et d'ivresse,
En savourant la coupe du bonheur,

Rendent hommage à l'aimable comtesse
De qui nous vient ce plaisir enchanteur !
Fée enivrante, aux formes gracieuses,
Sous sa baguette est le sort le plus beau !
Donnez, amis, la main à vos danseuses !
Entendez-vous le son du piano ?

LA CONVALESCENCE.

1827.

A mon ami Félix Barbier.

Air : Rassurez-vous, ma mie.

Grâce à ta convalescence,
Il t'est donc enfin permis,
Après deux mois d'abstinence,
De boire avec tes amis ;
Loin d'ici, docteur profane !
Vite, tourne-nous le dos ;
« Au diable la tisane !
» Et vive le Bordeaux !

A cette liqueur vermeille,
A son brillant coloris,
Que ta gaîté se réveille
Parmi les jeux et les ris !

Hyppocrate n'est qu'un âne,
Quand il proscrit les tonneaux !
« Au diable la tisane !
Et vive le Bordeaux !

Sur une terre épuisée,
Jadis on vit les Hébreux
Se refaire à la rosée
Que Dieu leur versait des cieux ;
Ce vin est, pour toi, la manne
Que Bacchus verse à longs flots !
« Au diable la tisane !
« Et vive le Bordeaux !

A ton front qui se colore
L'incarnat de la santé
Dit que d'heureux jours encore
Souriront à ta gaîté !
Quand de cet espoir émane
Un avenir des plus beaux !
« Au diable la tisane !
« Et vive le Bordeaux !

FANFAN LABLAGUE
A LA FONTAINE DE SAINT ALYRE.
1822.

Air : J'arrive à pied de province.

Grand Dieu! grand Dieu! queu spectacle
    J'ons eu d'vant les yeux!
Ça tient vraiment du miracle,
    Ou du merveilleux!
D'un'fontaine c'est l'eau claire,
    Dont l'effet certain
N'manq'pas d'vous changer en pierre,
    Si l'on y prend l'bain!

D'cette étonnante fontaine
    Quand j'pus m'approcher,
Voyant par un phénomène,
    L'eau d'venir rocher; [1]
La femelle d'Bucéphale
    En pierr' s'permuter, [2]

---

[1] A Clermont, en Auvergne, dont les eaux ont la propriété de recouvrir, d'un enduit calcaire les objets qu'on y jette ; ce qui leur donne l'air d'une pétrification.

[2] Allusion au pont en pierre, formé par l'écoulement des eaux; ainsi qu'à une jument pétrifiée, qu'on voyait alors à cette fontaine.

Je m'dis : « Voilà z'un'cavale,
  Qu'est *dure à monter!*

Vous, mesdam's, qui d'la tendresse
  Prisez les attraits!
De cette onde si traîtresse,
  Ne goûtez jamais ;
Hélas! on vit mainte femme
  N'en boire qu'un coup,
Et sortant d'là z'avoir l'ame
  Dur'comme un caillou.

Lisez, pour ce que j'avance,
  L'Ancien Testament ;
D'un fait semblable, je pense,
  Il est confirmant ;
Du bonhomm'Loth, quant la femme
  En statu's'changea,
C'est qu'elle avait bu, la dame,
  Sans dout'de c't'eau là ! [2]

Cette onde offre un avantage
  Aux attraits fanés,
Par le tems et par l'usage,
  Dev'nus surannés ;

---

[1] Etre changé en sel gemme ou en pierre ; au goût près, la dureté est la même.

Aux coquett's ell'ne peut rendre
　　Leur premièr'beauté,
Mais leurs appas peuv'nt reprendre
　　Tout'leur fermeté !

Cette eau donne aux gastronomes
　　Moyens compétens,
D'avoir des fraises, des pommes,
　　Des fruits en tout tems !
Mais je n'sais s'il est possible
　　De s'en restaurer,
Car ils sont, et c'est sensible,
　　Durs à digérer !

Bref ! ce qu'en cette eau l'on sème,
　　Devient pierr' soudain ;
Et j'ai vu des cornes, même,
　　Subir ce destin ;
Pour nos maris cett'méthode
　　S'ra bonne à r'trouver,
Quand leux femm's perdront la mode
　　De leur en conserver !

IL ÉTAIT NUIT.

1827.

ROMANCE.

AIR :

Il était nuit ! et le rossignol tendre
De son gosier prodiguait les doux sons !
Il était nuit ! impatient d'attendre,
D'un air distrait j'écoutais ses chansons !
Il était nuit ! quand, tout-à-coup, Adèle
Brille à mes yeux, comme l'éclair qui luit !...
Et disparaît ! fugitive hirondelle ;
      Il était nuit !

Il était nuit ! Phœbé mystérieuse,
Me protégeant d'un rayon incertain,
Mon cœur suivit, à sa clarté douteuse,
Celle à jamais qui fixe mon destin !
Dans les détours d'un bosquet solitaire,
Le dieu d'amour en mes bras la conduit !..
Puis nous couvrit des ailes du mystère !..
      Il était nuit !

Il était nuit ! et l'écho du bocage
A répété nos soupirs amoureux ;
Grâce à l'abri d'un protecteur ombrage,
Vénus se plut à couronner mes feux !

Tout fier encor d'un succès difficile :
Le plaisir vint et la pudeur s'enfuit !
De volupté s'embellit notre asile :..
   Il était nuit !

Il était nuit ! mais déjà réveillée,
La troupe ailée a donné le signal
Des doux concerts, et perçant la feuillée,
L'aube sourit à ce chant matinal !
Aux rayons purs que reflète l'aurore,
Sous un beau jour l'ombre s'évanouit !...
En nous quittant, nous soupirions encore :
   « Il était nuit ! »

CONSEIL MAL SUIVI.

1833.

AIR : A soixante ans.

Mes vieux amis ! voulez-vous toujours rire ?
Quoi ! la gaîté chez vous ne vieilit point !
Fleur de printems doit-elle vous sourire,
Lorsque l'hiver glace votre pourpoint !
Ah ! voyant fuir tous les dieux du jeune âge,
Ah ! des amours nous voyant délaissés,
Oui, les plaisirs repoussent notre hommage !!!
Pleurons ! amis ! nos beaux jours sont passés !

Loin de pleurer vous m'invitez à boire ;
Le vin, sans doute, est un baume aux douleurs !
Autre Léthé ! qu'il force la mémoire
A s'imposer l'oubli de jours meilleurs !
Des jeunes ans conserver souvenance
C'est le martyre à nos sens émoussés !
C'est de Tantale éprouver la souffrance !
Pleurons, amis ! nos beaux jours sont passés !

Des jeunes ans se rappeler la gloire,
Notre empereur, ses exploits fabuleux,
Et son génie et nos jours de victoire !
Suivis hélas ! de jours trop nébuleux !
Se rappeler notre France si belle !
Puis avoir vu, par des nains exhaussés,
La tyrannie enfin plâner sur elle !!
Pleurons, amis, nos beaux jours sont passés !

Un seul instant l'espoir fut notre guide ;
Oui, dans les cœurs son flambeau qui brillait,
Vint éclairer dans sa course rapide,
La liberté, grande aux jours de Juillet !!
Mais depuis lors, hélas ! sans véhicule,
De vils liens les pieds embarrassés,
Loin d'avancer, la liberté recule...
Pleurons, amis ! nos beaux jours sont passés !

Pleurons amis ! mais la folle Ernestine
D'un doux baiser vient étouffer ma voix !

De vin, de fleurs, sa main qui me lutine,
Joue, aspergeant mon front chauve à la fois!
Sous ce déluge expire l'anathème :
Tout au plaisir, en ses bras enlacés,
Dirais-je encor, quand elle dit : « je t'aime ! »
« Pleurons, amis, nos beaux jours sont passés ?..

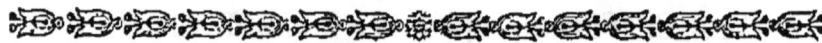

VIEIL ADAGE,
1848.

AIR : Aux sons d'une fade musique.

Ah! quand, dans le siècle où nous sommes,
C'est à qui mieux saura tromper!
Quand l'unique talent des hommes,
Consiste à se pouvoir duper!
Pour acquérir cette science,
Qui procure, amis, grand crédit!
« On ne dit pas ce que l'on pense;
« On ne pense pas ce qu'on dit. »

Cette femme, jeune et coquette,
Persuade à son vieux mari,
Que seul il a fait sa conquête;
Que toujours il sera chéri;
« Qui, lui dit-elle, ta présence
« Me rend heureuse, cher petit! »
 On ne dit pas, etc.

Voyez brailler à l'audience,
L'avocat de ce Bas-Normand !
Il proclame, plein d'impudence,
La probité de son client ;
Quel torrent de fausse éloquence,
Des juges pour capter l'esprit !
 On ne dit pas, etc.

Sur le jeûne et la tempérance,
Ce chanoine fait un sermon,
Ce gourmand vante l'abstinence,
Ce noble rabaisse son nom ;
Ce libertin, par la constance,
Jure qu'il fut toujours séduit !...
 On ne dit pas, etc.

A quinze ans, quoi ! jeune fillette,
Tu dis ne pas vouloir d'amant ?
Ton cœur, à l'amour qui le guette,
Veut éviter un doux tourment !
D'ajouter à cela croyance,
En erreur qu'on serait induit !
 On ne dit pas, etc.

Qu'un Français, amant de de la gloire,
« Dise redouter les combats ;
» Que les palmes de la victoire,
» Pour lui n'ont jamais eu d'appas ;

» Qu'il ne peut louer la vaillance;
Qu'au milieu des dangers il fuit...
  On ne dit pas, etc.

Ne recherchant point l'avantage
De vous plaire, par mes couplets,
Oui, messieurs! oui, votre suffrage,
Pour mon cœur, reste sans attraits;
Quoi! cet aveu ne vous offense!
Sur mon front serait-il écrit :
« On ne dit pas ce que l'on pense ;
« On ne pense pas ce qu'on dit. »

AVIS AUX VIEUX GARÇONS.
1830.
COUPLETS DE NOCE
POUR LE MARIAGE DE MON AMI P....
Air de M. Guillaume.

Du maussade état de garçon
L'hymen tôt ou tard nous dégage !
Ah! qui ne mord à l'hameçon
En trouvant femme jeune et sage ?
Ce dieu te traite en Benjamin !
Oui, pour séduire, il fait merveille !
Vieux garçons que guette l'hymen,
Autant vous en pend à l'oreille !

Par sa douceur, par ses attraits,
Adrienne, ami, te présage
De soie et d'or, tissus exprès,
Des jours sereins et sans nuage !
Oui, les plaisirs du lendemain
Naîtront des plaisirs de la veille !
Vieux garçons que guette l'hymen,
Autant vous en pend à l'oreille !

Eh ! quoi, malgré tes quarante ans,
Quoi ! l'amour (Dieu me le pardonne)
D'une rose, honneur du printems,
Ce soir, doit fleurir ta couronne !
D'orgueil et d'ivresse demain,
Ta figure sera vermeille !
Vieux garçons que guette l'hymen,
Autant vous en pend à l'oreille !

Ici, jaloux d'un tel bonheur,
A ton sort qui ne porte envie ?
Chacun voudrait, sur mon honneur,
Enchaîner, comme toi, sa vie.
Ah ! pour engager votre main,
Si vous trouvez femme pareille,
Vieux garçons que guette l'hymen,
Autant vous en pend à l'oreille !

FICHE DE CONSOLATION

Pour un tas de vieilles *bêtes* 1 et autres qui n'ont su que mériter la croix sans jamais pouvoir l'obtenir.

1832.

Air des deux Edmond.

Vous qui, malgré vos vieux services,
Ne couvrez pas vos cicatrices
De l'éclat du rouge ruban,
    Privez-vous-en !   (*bis.*)
Fiers troupiers dont la renommée
Brilla *tout-à-coup* dans l'armée,
Quand la paix sauva du trépas !
    Ne vous en privez pas !   (*bis.*)

Vous dont le noble caractère
Se refusa toujours à faire
Profit d'un rapport malfaisant,
    Privez-vous-en !
Limiers de toutes les polices,
Tisserands de complots factices,
De Vidoc qui suivez les pas !
    Ne vous en privez pas !

---

1 Vieux soldats, suivant le proverbe militaire.

Vous qui n'avez pas d'autre titre
Pour obtenir place au chapitre,
Qu'Austerlitz, Wagram et Fridland,
  Privez-vous-en !
Inventeurs de fosses d'aisance [1],
Vous qui briguez la récompense
De servir l'Etat... par en bas !
  Ne vous en privez pas !

Artistes, à force de veilles,
Vous qui produisez ces merveilles,
Fruits du génie et du talent,
  Privez-vous-en !
Sauteurs, baladins, saltimbanques,
Et vous fangeux croupiers de banques [1],
Dont les doigts allèchent les as !
  Ne vous en privez pas !

Vous qui dans les seules prouesses,
Faites consister les richesses,

[1] Tout Paris a vu donner la croix d'honneur à l'inventeur des fosses d'aisance inodores ! Qu'on vienne dire que le ministère n'a pas de *nez* pour *sentir* le mérite !

[1] Saint-R..., ex-directeur de la porte Saint-Martin, a été décoré, et depuis la révolution de Juillet, la croix d'honneur brille sur le sein du sieur B......, directeur des jeux; sans doute pour le récompenser d'être chef d'une institution aussi *morale* et aussi *profitable* au bonheur des familles !!!

Sots guerriers, sans un sou vaillant,
    Privez-vous-en !
Braves Crésus! vous dont la bourse
De l'honneur enserre la source,
Courez l'acheter de Blacas !!
    Ne vous en privez pas !

Vous dont les noms, par la victoire
Gravés aux fastes de la Gloire,
Survivront éternellement,
    Privez-vous-en !
Vous dont la hideuse mémoire
Ne doit révéler à l'histoire
Que trahison, honte, attentats !
    Ne vous en privez pas !

Vous de qui l'épine dorsale
Ne peut se courber en spirale,
Aux pieds d'un faquin tout puissant,
    Privez-vous-en !
Légers paillasses politiques,
A côtes souples, élastiques,
Plats valets de grands aussi plats,
    Ne vous en privez pas !

Enfin, défendant la patrie,
Vous qui, pour la France chérie,
Avez prodigué votre sang,
    Privez-vous-en !

Stipendiés de l'Angleterre,
Français! qui, vendant votre mère,
Pour l'asservir armiez vos bras.....
   Ne vous en privez pas!

INTERROGATOIRE DE MON CŒUR.

5 août 1830.

A madame Parfaite M.....

Air : de Ninon chez madame de Sévigné.

Dieu! mon cœur, quelle violence
Précipite vos mouvemens!
Non, jamais tant de pétulance
N'accéléra vos battemens!
Qui cause à ce point votre ivresse?
Cela se peut dire entre nous :
Est-ce la gloire ou la tendresse?...
Ah! mon cœur, à quoi pensez-vous?

— Un jour de tempête et d'orage,
Vous souvient-il? son doux accueil
Sut nous préserver du naufrage,
Du mauvais temps et de l'écueil!
Au navigateur qui s'égare,
Jouet d'une mer en courroux,
Secourable, elle semble un phare!
— Ah! mon cœur, à quoi pensez-vous!

Semblable à la reine des Vierges,
Quel port et quel air radieux !
Combien et d'encens et de cierges
L'amour brûle pour tes beaux yeux !
La forme et mignone et coquette
De son pied rend les hommes fous....
Non, pas de femme plus parfaite !
Ah ! mon cœur, à quoi pensez-vous !

Bien qu'elle ait passé son aurore,
Quelle fraîcheur, quel incarnat ?
Telle, dans l'empire de Flore,
Brille la rose en son éclat !
Comme un parfum qui s'évapore,
Sa bonté se répand sur tous !
Dès qu'on la connaît, on t'adore....
— Ah, mon cœur, à quoi pensez-vous ?

Est-il des obstacles à vaincre
Pour posséder un pareil bien ?
J'oserais, pour vous en convaincre,
Contracter le plus doux lien !!
— Sans peur d'une chaîne éternelle,
Quoi ! l'hymen vous paraîtrait doux ?..
— Mais elle !! y consentirait-elle ?...
Ah ! mon cœur, à quoi pensez-vous ?

Voyageur, battu des orages,
Je pense à trouver le repos !

Trop long-tems, sur d'autres rivages,
Je suivis d'inconstans drapeaux !
Quoique vieux, mon navire, en rade,
Du destin bravera les coups....
— Hélas ! que vous êtes malade !
— Ah ! mon cœur, à quoi pensez-vous ?...

MA CONVERSION.
1827.

Air : Rassurez-vous, ma mie.

Portez, Muse trop bouffonne,
Autre part vos gais défis !
Désormais je ne chansonne
Qu'*au nom du père et du fils !*
On nous taxe de licence,
Quand avec vous nous marchons ;
   « A bas la joie en France !
   « Vivent les capuchons !

Hélas ! cessez, je vous prie,
De m'imposer des bons mots !
C'est à la plaisanterie
Que la France doit ses maux ;
Pour faire enfin pénitence,
Sur Voltaire nous crachons :

A bas la joie en France!
Vivent les capuchons!

En nos cœurs, Ah! que de haine,
Contre nos ayeux maudits!
Qui, du joyeux Lafontaine
Riaient aux contes, jadis!
Tout en fuyant leur démence,
De Jérémie approchons:
　A bas la joie en France!
　Vivent les capuchons!

L'ame contrite et dévote,
Pour faire notre chemin,
Portons, au lieu de marotte,
Un noir chapelet en main;
Contre les bals et la danse,
C'est l'ordre! en tous lieux prêchons!
　A bas la joie en France!
　Vivent les capuchons!

Combien je me scandalise
De ces tems d'iniquité,
Où loin d'aller à l'église,
J'allais boire à la beauté!..
Désormais plus de bombance,
Avec d'aimables Fanchons!..
　A bas la joie en France!
　Vivent les capuchons!

FIN.

TABLE DES CHANSONS

CONTENUES DANS CE RECUEIL.

	Pages.
Préface.	1
Le Grognard.	1
Le Vieux Soldat et sa nourrice.	3
La Cuisine du diable.	5
L'Imprimerie.	8
Ma Tante Vieuxtems.	10
Le Sang versé ne parle plus.	13
Ma Trinité.	15
L'Ambitieux.	17
Le Roi des ribauds.	19
L'Aumônier du régiment.	21
Encore un d'attrapé.	24
Les Charlatans.	26
Ma Bouteille.	28
Le Veau d'or.	31
Un Diner de lieutenans.	33
L'Enfer sur terre.	36
L'Avenir.	38
Fanfan Lablague au cordon sanitaire	40
Fin des aventures de Fanfan.	43

Epigrammes.	46
L'Heureux Bossu.	47
La Vertu.	49
Mon Luth.	52
Entrez ! ne vous amusez pas, etc.	54
On vit de honte.	56
Au diable la galère.	58
Chansonnette.	60
Le Paria cosmopolite.	62
Mes Adieux à la France.	65
A ton tour, Paillasse.	67
Le Frère et la Sœur.	69
Amour et Gloire.	71
La Fille du Sacristain.	72
La Gaîté.	75
Que chanterai-je ?	77
Mon Rêve.	79
L'Heureux Caractère.	81
Minette.	83
Le Fermier électeur.	85
Courte Prière.	88
Les Pieds de Nez.	89
Réquisitoire de Dieu	92
Fanfan Lablague au camp de Saint-Omer	94
Opinion d'un amateur.	97
La Charte magicienne.	100
Regardez ! mais n'y touchez pas !	102

Ma Femme.	103
Monsieur Sans Gêne.	106
La Cantinière.	108
J'en vaux bien un autre !	110
Le Diable.	113
Eloge de la Folie.	115
Le Bon Français.	117
Ronde épicurienne.	119
Les Sermens.	121
Margot	123
Les Bâtards.	126
Le Punch.	128
Rogations d'un soldat.	130
L'Ermitage.	134
Comme on fait son lit on se couche.	136
Le Rocher.	138
A Julie.	140
Mes Arrêts.	141
Plainte d'un Célibataire.	143
L'Iconoclaste.	145
Le Voltigeur.	148
Le Suisse du Paradis.	150
Le Délire du chansonnier.	153
Il Faut Mourir.	153
Sophie.	156
Désespoir d'un Officier.	157
Ça fait du bien par où ça passe.	160

Amour et Discrétion.	162
Sur le retour de ma Croix.	163
Ma Philosophie.	165
Un peu d'aide fait grand bien.	167
Le Mercure femelle.	170
Mon Ange gardien.	173
Le Bon Vivant.	176
A de Béranger.	178
Un Bon vieux Refrain.	179
Le Réveillon.	182
Un An de plus.	184
Le Jeu n'en vaut pas la chandelle.	186
A notre nouveau colonel.	188
Refrain philosophique.	190
Mon anniversaire.	192
Le Piano.	194
La Convalescence.	196
Fanfan Lablague à la fontaine.	198
Il était Nuit.	201
Conseil mal suivi.	202
Vieil adage.	204
Avis aux vieux garçons.	206
Fiche de consolation.	208
Interrogatoire à mon cœur.	211
Ma Conversion.	213

FIN DE LA TABLE.

www.ingramcontent.com/pod-product-compliance
Lightning Source LLC
Chambersburg PA
CBHW051901160426
43198CB00012B/1698